精准用人

文　景◎著

古吴轩出版社

中国·苏州

图书在版编目（CIP）数据

精准用人 / 文景著. — 苏州 ：古吴轩出版社，2019.6

ISBN 978-7-5546-1356-6

Ⅰ. ①精… Ⅱ. ①文… Ⅲ. ①企业管理—人力资源管理 Ⅳ. ①F272.92

中国版本图书馆CIP数据核字（2019）第072452号

责任编辑：蒋丽华
见习编辑：沈师伃
策　　划：徐红有
封面设计：张志凯

书　　名：精准用人
著　　者：文　景
出版发行：古吴轩出版社
地址：苏州市十梓街458号　　邮编：215006
Http：//www.guwuxuancbs.com　　E-mail：gwxcbs@126.com
电话：0512-65233679　　传真：0512-65220750
出 版 人：钱经纬
印　　刷：大厂回族自治县彩虹印刷有限公司
开　　本：710×1000　1/16
印　　张：15
版　　次：2019年6月第1版　第1次印刷
书　　号：ISBN 978-7-5546-1356-6
定　　价：45.00元

如有印装质量问题，请与印刷厂联系。0316-8863998

前言

PREFACE

当今世界，经济全球化趋势日益增强，科技进步日新月异，人才资源已经成为企业最重要的战略资源，人才成了决定企业未来的关键因素。如今那些蓬勃发展的企业没有不重视人才的，它们无一例外将人才视为企业最宝贵的财富。

对于人才，很多企业管理者有很多困惑，比如：

“明明自己的企业人才济济，为什么工作效率不高，员工的工作积极性普遍不高？”

“为什么感觉某个员工很适合某个岗位，但他的工作却完成得一塌糊涂？我为什么总是看走眼？”

“那些‘刺儿头’总是让我难堪，我该不该辞退他们？”

“有一个部门的两名员工总是产生矛盾，互相看不顺眼，我该不该将他们调开？”

“为什么优秀的人才总是留不住？”

……

其实，这些困惑产生的根本原因都是管理者不懂用人，没有用好人才。杰克·韦尔奇曾说：“作为管理者，必须高度重视识人、用人的能力，不断提高管人的技巧。作为一名合格的现代管理者，既要有‘才智’，又要有‘直觉’；既要有‘理性’，又要有‘感情’；既要善于在办公室中分析研究问题，得出科学的结论，又要善于学习和借鉴别人的经验。”这就要求企业管理者必须学会和掌握识人、用人和管人这三大艺术。

在这三大管理艺术中，用人是最核心的部分，因为它是决定其他两项的关键。企业管理者只有用好了人，并创造一个良好的用人环境，企业才能吸引更多优秀人才加入进来，也才能有效留住人才。

然而，用人也是最复杂、最艰难的一环，它主要表现在以下几个方面：

1. 识人不清，人才可能被埋没

在用人之前首先要懂得识人。有时，在员工没有展现出他的能力、做出一定的成绩之前，管理者很难判断出他的真实能力，也就不敢贸然将其放在一个关键的位置上。这样的话，员工的能力就很难发挥出来，人才可能就这样被长期埋没了。

2. 看错人才，让人才擦肩而过

人才往往因自己的才能而恃才傲物、自视甚高，如果将其放错了位置，可能使人才表现得与周围环境格格不入。再加上人才并不是尽善尽美之人，他们都存在着这样或者那样的缺点，这时常会引发管理者的不满，他们也就成了管理者打压和排斥的对象。这样一来，管理者很可能因此而错失人才。

3. 人岗不匹配，没有做到“人尽其才”

有的管理者虽然识别出了人才，但是没有给他们安排合适的岗位，也就不能让人才发挥最大的作用。管理者需要根据员工的能力和兴趣，将人才放在与其匹配的岗位上，否则人才的优势和能力的发挥将大打折扣。

4. 受主观因素影响，没有发挥人才的优势

有的管理者在用人时常常出于私心，任人唯亲、唯顺，这就使得真正的人才被忽视。还有一些管理者常常多疑，不敢任用比自己能力强的下属，害怕下属取而代之，于是只任用比自己能力差的人，企业因此也就失去了人才优势。

上面这些用人中的不足之处，管理者应尽量避免，同时还要掌握一些用人的艺术。比如，对于人才的优缺点要有全面的了解，这样才能利用他们的长处，发挥人才的最大效能；根据人才的人格特

点及潜在能力，让人才各就其位，各得其所；等等。

总之，管理者在用人上，不仅要选择合适的人才为企业或者部门效力，还要将优秀的人才放在合适的岗位上，让其发挥应有的作用，既不能“大材小用”，也不能“小材大用”，要量才而用。

杰出的管理者，都是识人、用人的高手。为了帮助各位管理者更好地用人，作者写了此书。这是一本集知识性、实用性、科学性、趣味性于一体的关于用人的管理智慧书。本书吸收和借鉴了大量现代企业和职能部门的管理学方面的实践经验，同时参考了西方一些先进的管理学理论，从实际出发，结合一些鲜活案例，从识别人才、人才配置、任用人才、留住人才等方面阐述了用人的一般知识和规律，并给出了具体的操作方法和相关注意事项，以帮助企业管理者解决用人方面的困惑和难题，走出用人方面的误区，高效用人。

本书语言通俗易懂，理论深入浅出，具有很强的系统性和层次性，将理论与实践相结合，希望能够帮助管理者在用人方面少走弯路。

目录
CONTENTS

第一章

慧眼识英才，选人是企业发展的第一步

俗话说：“千里马常有，而伯乐不常有。”许多管理者抱怨手下没有可用之才，其实问题的关键在于他们不善于识别人才。他们总是在某员工做出一定成绩的时候，才将其视为人才，并给予重用。这就致使许多潜藏的人才由于没有被放对位置而难以发挥其优势，进而被埋没。所以，领导者要善于慧眼识珠，做善识人才的“伯乐”。

慧眼识珠，会“识人”才会“用人”

福特汽车公司是世界上的著名企业，该公司有一个显著的特点——非常器重人才。有一次，公司的一台马达发生故障，大家修了很长时间都修不好，只好请一个名叫斯坦·因曼思的人来修。斯坦·因曼思察看了一番，指着电机的某处，说：“这儿的线圈多了16圈。”果然，当斯坦·因曼思把那16圈线圈都去掉以后，电机就正常运转了。

福特见此，就邀请斯坦·因曼思来自己的公司上班，但是斯坦·因曼思说原来的公司对他挺好的，他不能过来。福特马上说：“我把你那家公司买过来，你可以来上班了。”

福特为了得到人才，不惜花费大量的钱财，买下其所在的公司，这样的做法到底值不值得？当然值得。要知道，市场竞争归根结底是人才的竞争。在一个企业中，最重要的资源和要素莫过于人才。可能有的管理者并不认同这种说法，他们认为企业最重要的应该是客户。不可否认，客户是企业利润的重要来源，但是管理者要清晰地认识到：客户是需要“人”去发现、开发并维系的，如果没有企业中的“人”，客户是不会主动找上门来的。尤其是在当前这个竞争激烈、同类企业众多的“商场如战场”的时代和环境中更是如此，如果缺失人才，企业恐怕无力支撑，甚至会关门大吉。

“世有伯乐，然后有千里马”，这句古语精辟地道出了管理者识别人才的重要意义。企业能够不断发展，人才发挥着决定性作用。所以，能够像伯乐识别千里马一样识别人才，是企业领导者的必修课，也是他们应该具备的才能之一。只有善于识别人才，才能更好地用人，企业才能得到长足、稳定、高效的发展。

用人必先识人，知人方能善任。这就要求企业的管理人员学会慧眼识人，为公司选拔最合适的人才。只有用对了人，企业才能获得成功。

事实上，每个人都有其闪光点，管理者要做的就是找出员工的闪光点，将员工安排在合适的岗位上，做到人尽其用，充分发挥他的潜力和才能。

然而，在识人、选人方面，一些管理者容易陷入四大误区。只有走出这四大误区，管理者才能找到真正适合的人才。这四大误区分别如下：

1. “专家”误区

为了保证招聘的效果，有的管理者还会组织一批由各种专家——如人力资源专家、心理测试专家、行业技术专家等组成的招聘小组，对应聘者进行筛选。事实上，这些专家在招聘方面可能并不管用，因为他们对什么岗位需要什么样的人才，并不十分清楚。因此，管理者最好请一些行家里手和熟悉岗位职责的人来评判和招聘新人。

2. “文凭和学历”误区

文凭和学历虽然可以代表一个人的文化层次，但是管理者不能把它看得过于“神圣”，过于重要。这是因为，学历、文凭不等于工作能力，更不等于贡献度。

3. “精英”误区

有人说：“一个拿破仑是伟大的，但三个拿破仑就很难说了。”这和“三个臭皮匠，赛过诸葛亮”的效应正好相反。因为将“伟大人物”组合在一起，并不一定能组成一个“伟大小组”，产生最强的效果。也就是说，如果将所有单个令你满意的人才组合在一起，并不一定能做出令你满意的成绩。如果一个小组中个个都是精英，这就像满盘象棋都是“车”，见面就“怼”，工作就无法开展。所以，管理者在招聘人才时，不要指望个个都是精英，更不要将同一类型的人放在一起开展工作，而是要取长补短，使其优势互补。

4. “直觉、经验、测试”误区

“直觉、经验、测试”固然重要，但不可过于依赖。比如，有些用滥的心理测试也许不能提供准确的信息，反而会掩盖应聘者的真实能力。

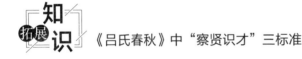

拓展知识 《吕氏春秋》中“察贤识才”三标准

《吕氏春秋》的作者吕不韦身为秦国的丞相，他深知人才对治国的重要性。借助《吕氏春秋》，他提出了“察贤识才”的三个标准。

吕不韦在《吕氏春秋》中大量运用“圣、贤、士、能”等概念，这足以表明，他心目中的“贤人”都是一些品德高尚的能人，也就是德才兼备之人。

《吕氏春秋》有言：“凡举人之本，太上以志，其次以事，其次以功。三者弗能，国必残亡。”这里，吕不韦将心志、做事和功劳归结为举人之本，这个选才标准实际上将德才兼备具体化了，延伸到了做事的能力和政绩等方面。

《吕氏春秋》中明确提出了选人的标准，那就是“八观六验”和“六戚四隐”。所谓“八观六验”，是指“凡论人，通则观其所礼，贵则观其所进，富则观其所养，听则观其所行，止则观其所好，习则观其所言，穷则观其所不受，贱则观其所不为。喜之以验其守，乐之以验其僻，怒之以验其节，惧之以验其特，哀之以验其人，苦之以验其志”。“八观”：当一个人事事顺遂时，应注意观察他待人行的是什么礼；当一个人地位显赫时，观察他推荐的是哪些人；当一个人富有的时候，观察他门下豢养的是哪些门客；当一个人听取别人的意见时，观察他采纳的是哪些内容；当一个人闲暇时，观察他有哪些兴趣爱好；当一个人处于放松的状态时，察听他会讲些什么内容；当一个人贫穷的时候，观察他不能接受的是什么；当一个人地位卑贱的时候，观察他不愿意去做什么事情。“六验”：使一个人开心，借此考验他是否会安分守己，看他是否会因此而得意忘形；讨好一个人，以此看他有没有什么癖性；惹怒一个人，以此考验他的自制力；使一个人惧怕，看他在这种情况下是否依然能坚定立场、正义凛然；使一个人悲伤，借此考验他的为人；使一个人痛苦，看他是否有志气。

除此之外，还要用内观标准来识人，也就是通过“六戚四隐”来评估一个人，所谓“六戚”，指的是父、母、兄、弟、妻、子，而“四隐”则包括交友、故旧（以前交过的朋友）、邑里（乡亲）、门郭（邻居）。

摒除门第观念，选人要唯才是用

英雄不问出处，历史上的许多英雄豪杰都出自民间。

比如，秦朝末年，被刘邦重用的韩信，向刘邦提出“反其道而行之，争夺关中之地不难，进而夺取天下也不难”的建议，这为刘邦后来夺取天下做出了巨大的贡献。其实，刘邦看中的是韩信的“才”，而不是他的出身，因为韩信并非出身于豪门大户，也没有什么高贵的身份，甚至还受过“胯下之辱”。

一些企业管理者在选拔人才的时候总是不自觉地根据个人的身份、资历来判断这个人的能力大小，殊不知，这种做法会忽视那些真正有才能的人，使组织出现僵化的情况，从而止步不前。从这一点来看，现代的管理者们就有必要借鉴和学习一下古人的做法了。

墨子的选才主张：“贤能”是唯一标准

门第观念是一种封建的等级思想，若将其用在现代用人管理中，则是一种腐朽落后的用人准则。

早在两千多年前，墨子就认为为政治国的根本大计在于用人，而用什么样的人则应有一定的标准。他反对封建森严的等级制度，反对儒家所说的“天命”，认为“天命”是“天下之大害”。

为了摆脱这种等级制度的束缚，他提出在选拔人才时要打破等级制度的界限，广选贤能。为此，他提出了“官无常贵，民无终贱；有能则举之，无能则下之”的主张，建议选拔人才时不分阶层，不分贵贱，把“贤能”作为招贤的唯一标准。这样的话，贤能之人就会越来越多，并能在被重用的情况下施展其才华，做出一番成就。

墨子的这个选才标准在今天看来也不过时。

麦肯锡：欢迎胸怀大志却一贫如洗的员工

可以说，麦肯锡是一个“不拘一格”选拔人才的典范。

为了召集和留住更多优秀人才，近年来麦肯锡推出了一项“欢迎胸怀大志却一贫如洗的员工”的人才战略，将目光瞄准那些有满腔抱负却贫穷的优秀人才。麦肯锡认为，大批引进这样的人才，具有无可比拟的优越性。

1. 给公司带来更大的效能

根据麦肯锡多年的选人、用人经验，他们认为胸怀大志却一贫如洗的优秀人才精明能干，有很强的敬业精神和责任心，而且能吃苦。工作认真、投入，积极主动，因而能为公司创造更大的效能。

2. 有利于公司人才队伍的稳定

这类员工容易满足于公司提供的工作环境和物质条件，很少发牢骚、抱怨，对公司有着较强的荣誉感，所以更能维护公司的形象和威信，忠诚度要高于其他员工。通常来说，他们中跳槽或者另起炉灶者较少，留用率比较高，所以更有利于公司人才队伍的稳定。

3. 对老员工产生激励作用

“胸怀大志却一贫如洗”的员工经常因不安于现状、不受规范约束而大胆创新，这对老员工具有一定的激励作用，能激发老员工的工作热情和创新精神，以此激活潜在的沉淀的力量。即使公司不采取任何激励措施，员工也能主动为公司创造更多的效能。

由此可见，管理者在选拔人才的时候，要摒弃门第观念的用人法则，摒弃偏见，做到“人才不问年龄，英雄不问出处”，将一切有用之才招纳到自己的麾下。

诗人龚自珍曾发出“我劝天公重抖擞，不拘一格降人才”的呐喊，直到今日，依然振聋发聩。在选拔人才的时候，只有不看出身、不拘资历，唯才是用，才能得到真正的人才。

拓展知识 衡量才能的标准

管理者在选拔人才时，不应仅看求职者的外貌、出身等外在因素，而应将“才能”作为考察的重点。“才能”是一个广义的概念，包括见识、学问、经验等。管理者在选拔人才时，要对应聘者的这几个方面进行综合考核，从而在有限的时间内选出最适合的人才。

1．见识

有见识的人对事物总会有独到的认识。当出现问题时，他们往往能够高瞻远瞩，打破固有的思维模式，凭借敏锐的眼光和强烈的预见性提出有建设性的建议，并据此制订出堪称完美的计划，为企业创造出更多的效益。

2．学问

学问，就是一个人通过各种方式学到的知识，也可以理解为一个人的知识结构。有的人知识结构专而精，对某个行业比较精通，这种人可以被称为专业人才；而有的人知识结构杂而全，这种人对相互关联的专业知识都有一定的了解，通常被称为综合性人才。管理者可以根据工作岗位的不同择优录用。

3．经验

经验，指的是一个人在实践过程中得到的知识或技能。一个有经验的人，对工作流程的熟练程度会更高，解决实际问题的能力也更强。所以，很多公司在招聘的时候十分注重经验。

学历≠才能，打破“唯学历论”的用人思维

说起罗永浩，人们不禁竖起大拇指，他曾经是一位极受欢迎的老师，如今是一位成功的商人。

殊不知，罗永浩在新东方的面试中，经过三次试讲才通过。

面试之前，骄傲的罗永浩给新东方创始人俞敏洪写了一封求职信。

面对这个连高中都没毕业的人，俞敏洪没有打击他的积极性，而是给了他试讲的机会。

罗永浩第一次试讲的时候，由于紧张，他讲砸了。学员们对这次试讲的评价是“这个人没有幽默感”。罗永浩十分沮丧，他说：“我长这么大，第一次被人说没有幽默感。”俞敏洪安慰他说：“你要在讲课的时候表现出来。你回去再准备一下。”

第二次试讲的时候，俞敏洪将其安排在自己的办公室，让罗永浩讲给自己一个人听。这次，罗永浩又讲砸了。俞敏洪继续安慰他：“你再去准备一下，一个月后再来见我。”

结果，第三次，罗永浩的试讲大获成功，他顺利地进入新东方工作。

对于人才的选择，俞敏洪坚持这样的原则：“人才不问年龄，英雄不问出处。只要是人才，新东方都欢迎。”用一句话概括就是，只要符合条件，什么人都敢用。因此，面对罗永浩这样高中都没毕业的人才，俞敏洪同样赏识，将其招到自己的麾下。

结果，新东方因为有了人才的积累效应而获得了良好的发展动力，成为商业领域潜力无穷的超级品牌。

走出“学历与能力关系”的误区

近年来，很多管理者在选拔和任用人才的时候将学历作为一个重要的准入门槛，比如，在招聘条件上提高学历要求，本科生都难入他们的法眼，只有具有研究生以上学历的应聘者，他们才考虑选拔任用。

对此，他们所持的观点是，学历高，能力自然不会差。从某种意义上说，这种看法不无道理，学历高说明受教育程度高，同时说明这个人在学习的时候认真投入，并且拥有一个聪明智慧的大脑。但是，如果就此认为学历和能力呈正相关的关系，那就有失偏颇了。实际上，这样的认识是非常狭隘的，会使公司流失很多优秀的、能力出众的人才。

随着现代社会分工的细化，工作项目越来越繁杂，这就要求员工必须具备较高的知识水平，从这方面来讲，这是必要而且是有益于企业发展的好事。但是，管理者也要认识到：学历并不能真实地反映出一个人的实际能力。对于确实有真才实学的人才，管理者不能因为他的学历低就将其拒之门外，要走出“学历低能力低，学历高能力强”的认识误区，辩证地看待学历和能力之间的关系，对人才不求全责备，不能将学历作为人才选拔的唯一门槛。

这方面，麦肯锡就做得很好。一直以来，麦肯锡都将“不唯学历”作为一条重要的用人标准。麦肯锡认为，公司看重员工的学历是理所当然的，但是并不能因为员工有比较牛的学历就将他高高地、白白地“供”起来。如果公司录用的是一个学历高而能力平平的员工，那么对公司来说就是一种极大的资源浪费。换句话说，员工凭借自身所储备的知识能为公司创造多大的效益，他所具有的才干能为公司带来多少实际的价值才最重要，也才最“货真价实”。

因此，作为管理者，应该把目光放长远，将“才能”作为选拔人才的标准，招收不同学历的优秀人才，将其用在合适的岗位上，发挥他们最大的潜能，不断开创“百舸争流，百花齐放”的良好局面。

盛田昭夫：《让学历见鬼去吧》

索尼公司的创始人盛田昭夫是一位举世闻名的企业家，他曾著有一本畅销全世界的书——《让学历见鬼去吧》，在书中，他总结了自己的领导经验，认为不能让学历阻碍了人才的选拔通道。

在书中，他这样写道：“我想把索尼公司所有的人事档案烧毁，以便在公司里杜绝在学历上的任何歧视。”他是这样说的，也是这样做的。

不久之后，他就将这句话付诸实践，此举使一大批人才脱颖而出。

事实上，索尼公司在招聘人才的时候一直遵循这样的选人宗旨：信奉唯才是用，而不是唯文凭是论。他们将学历放在次要地位，主要考核指标是他们的实际才能。索尼公司在录用人员时，不管招聘什么岗位，不论职务高低，他们都会对其进行严格的考试。在分配工作或者晋升职位时，主要依据就是他的考试成绩以及在实践中所表现出来的才能。

索尼公司能做到这一点，在这个重视文凭的商业时代，尤其显得难能可贵。也正因为索尼公司能够抛开文凭的标准，坚持唯才是用的选人方针，才在公司内部形成了一支庞大的科技和管理人员团队。

“让学历见鬼去吧！”索尼公司的实践已成功证实了盛田昭夫的不能只看学历的观点的正确性和合理性。

拓展知识　面试知识型员工的技巧

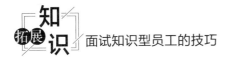

面试人员时，问、听、观、评是几项重要而关键的基本功，但是在提问方式的选择以及恰到好处地转换、结束与扩展问题和问话等细节上，又有很多值得注意的技巧。

1．封闭式提问

简单来说，就是只需要应聘者回答“是”或者“不是”的提问。这种提问方式，常常表示招聘人员比较关注应聘者的答复，或者想让应聘者结束某一话题。

2．开放式提问

目的是让应聘者自由发表自己的意见，以获取有效信息。这种技巧通常在面试刚开始的时候使用，以此缓解紧张气氛，并让应聘者充分发挥自己的水平。

3．假设式提问

比如，可以这样问：“如果你遇到这种状况，会怎么处置呢？”这种技巧若使用得当，面试官可以更多地了解应聘者的想法和能力。

4．举例式提问

又被称为“行为描述式提问”，面试人员所提的问题并不在一个点上，而是考察一个连贯的工作行为。比如，可以这样询问应聘者：“你以前在工作中遇到的最大难题是什么？你是如何分析、如何解决的？”据此可以鉴别出应聘者所述问题的真实性，以及其实际解决问题的能力，而这些是面试的核心技巧。

抛弃个人好恶，客观评价人才

由于每个人的经验、受教育程度、家庭背景等不同，人与人之间存在着很大的差异，有着不同的人生观、价值观和世界观。而很多人就是在固定的环境中产生了对人、对事物的固定看法，进而形成一种深深根植于内心的思维方式和处事方式，这就是我们通常所说的“偏见”。

在武则天当政期间，大臣武三思说过这样的话：“凡与我为善者即为善人，与我为恶者即为恶人。”在官场上，他将这句话付诸实践，全凭自己的好恶识人，结果把一些不学无术之人弄进了朝廷，严重扰乱了朝廷的秩序。

在当今职场中，同样不乏这样的管理者，他们依据自己的意愿和理解对人才进行甄选。比如，有的管理者喜欢被恭维，就把那些溜须拍马、谄媚奉迎的人当作人才；有的管理者热衷于小圈子，就把与自己气味相投的人招纳进来；有的管理者喜欢“听话”的下属，就把对自己言听计从的人看作人才；还有一些管理者比较看重个人恩怨，凡是有恩于自己的人，总是想方设法加以重用；等等。

其实，对于管理者来说，自身所处的职场规则才是最应该遵循的职场规则，不应该掺杂个人的好恶。在个人好恶和职场规则发生冲突的时候，应该不顾自己的喜好，优先考虑公司的利益。如果管理者依据个人的好恶来选拔人才，试图破坏职场规则，那么很可能会给公司和自己带来很大的损失。

因此，管理者在选拔人才的时候，首先应以公司岗位所需作为判断标准，而不应该考虑这个人是否符合自己的“口味”。美国IBM（国际商业机器公司）总裁小沃森就是这样一个典范。

一天，小沃森正在办公室里忙碌着，一个中年男人闯了进来，大声嚷嚷：“我还有什么盼头！没了销售总经理的差事，整天干着因人设岗的闲差，还有什么意思？”

究竟是谁这么肆无忌惮呢？原来是IBM公司未来需求部的负责人伯肯斯托克，也是才去世的公司二把手柯克的好友。由于柯克和小沃森是对头，伯肯斯托克认为，柯克一去世，小沃森一定不会放过他，于是决定主动辞职。

沃森父子都是出了名的暴脾气，可是面对挑衅找茬的伯肯斯托克，小沃森并没有发火，他了解伯肯斯托克的所思所想。他觉得，伯肯斯托克是一个不可多得的人才，甚至比柯克还要精明。虽然伯肯斯托克是自己的对头柯克的下属，性格又桀骜不驯，但是为了公司的利益，还是应该把他留下来。

于是，小沃森采用激将法来留人，他对伯肯斯托克说：“如果你真行的话，即使在我父亲和我的手下也能成功。如果你认为我不公平的话，你可以选择离开。否则，你就应该留下，因为这里有很多机遇在等着你。”

果然，伯肯斯托克“中计”留了下来。

事实证明，小沃森的做法是极为正确的。后来，在促使IBM投入计算机业务方面，伯肯斯托克做出的贡献最大。当时，小沃森极力劝说父亲及其他部门管理人员尽快投入计算机行业，但是公司总部很少有人响应，而伯肯斯托克给其大力支持。最后，通过二人的共同努力，IBM才免于灭顶之灾，并走向更加辉煌的成功之路。

后来，小沃森在他的回忆录中写道：“在柯克死后挽留伯肯斯托克，是我有史以来所采取的最出色的行动之一。”并且，他还总结了自己在选人、用人方面的经验：“我总是毫不犹豫地提拔我不喜欢的人。那种讨人喜欢的助手，喜欢与你一道外出钓鱼的好友，是领导人的‘陷阱’。我总是寻找精明能干、爱挑毛病、语言尖刻、几乎令人生厌的人，他们能对你推心置腹。如果你能把这些人安排在你周围工作，耐心听取他们的意见，你能取得的成就将是无限的。”

可见，做一个不以个人好恶为用人标准的管理者，是一种最明智的做法。所以，选贤用能，管理者必须保证选拔的公平公正，把个人的好恶抛开，以公司的利益为重，按照岗位要求选择最适合的人才。

拓展知识　选用人才的工作策略

对人才的评价标准，从根本上说，应以能否胜任工作为主要标准。而能否胜任则主要体现在价值创造上，所以管理者应根据个人的价值创造能力来进行人才的选拔和录用。

通常来说，管理者应做好以下三方面的工作：

1．在招聘中保持理性

有一个心理学名词，叫作晕轮效应，说的是一个人对另一个人或者事物的最初印象决定了他的总体看法，这会使自己看走眼，不能摸清对方的真实品质，从而形成一种或好或坏的偏见。而求职者在面试时通常都会尽力美化自己，因为他们知道，自己头上的荣誉光环越多，被重用的可能性就越大。对此，面试官应保持理性，以免受到晕轮效应的影响而做出错误的判断。

2. 要重视人岗匹配的问题

管理者任用人才的时候，既不要“大材小用”，也不要“小材大用”，而是要量才而用。

3. 加强培训，提高员工的工作能力

员工决定企业的成败，员工工作能力强，企业则具有很强的市场竞争力；员工工作能力差，企业则没有与其他同类企业竞争的资本。其实，培训是一种投资，通过提高员工的工作能力能获得更多的经济效益。

忽视“墨菲定律”，“小恶”或酿成大祸

某公司聘用了张女士，她性格开朗，十分健谈，于是公司把她安排在业务部试用。在三个月的试用期中，张女士表现出了极强的公关能力，她的加入使业务部的业绩不断提升。总经理听说了张女士的表现之后，在大会上热烈地表扬了她，并以丰厚的奖金作为奖励。

可是不久，张女士的缺点就日益显露。凭借自己的能说会道，张女士在同事间散播谣言，导致同事间的和谐关系被破坏，好朋友变成了仇人。

不仅如此，她的贪婪本性暴露无遗。由于经不起诱惑，张女士竟然串通他人贪污公款。公司认为她有着极强的业务能力，就给了她改过自新的机会。结果，没过多久，张女士又开始在公司搬弄是非，并再次贪污公款。这次公司不再对她抱任何希望，果断将其开除。

这个张女士具有过人的公关能力，她的才能也确实给公司创造了一定的利润，但是，她的德行却令人不敢恭维，她不仅破坏了公司内部的团结，还因贪污公款给公司造成了重大的经济损失。公司因看重她的能力没有将其辞退，而是给她改过自新的机会，但是她不懂珍惜，依然我行我素，继续做一

些损害公司利益的事情。显然，这种人是不可以留用的。

由此可见，员工的品质对企业来说至关重要。作为企业的管理者，一定不能忽略这一点，否则后患无穷。

“墨菲定律”的启示

1949年，一位名叫墨菲的空军上尉工程师，发现他的一位同事经常遇到倒霉事，在不经意间开了一个玩笑：“如果一件事情可能会被弄糟，如果让他去做，那么一定会弄糟。”这句话被迅速传播，逐步演变为“如果坏的事情有可能会发生，不管发生的概率有多小，它总是会发生，并且会造成最大程度的损失”。

这就是著名的“墨菲定律”。

其实，“墨菲定律”无处不在。比如，这一定律在人力资源管理中经常发生，尤其是企业在招聘时通常对职位的招聘条件要求很高，比如学历、年龄、职位方向、行业工作年限等，而忽视能力、品行等方面的调查，结果很可能导致聘用的人才根本不符合企业发展的需要。这就要求管理者在人力资源管理中建立一支适应公司战略的人才队伍，避免用错人，发生制约企业发展或者给企业带来损失的情况。

破解“墨菲定律”的选人原则

要想避免选错人的情况，管理者要遵循以下两个原则：

1. 不要抱侥幸心理

“墨菲定律”告诉我们，不管科技如何发达，事故总会发生，错误总是难以避免，事实上它已经构成了这个世界的一部分。由于这些意外事件发生的概率比较小，通常情况下不会发生，所以常常被人们忽视。人们容易产生侥幸心理和冒险意识，而这些恰恰是事故发生的主观原因。

因此，即使是引起小概率事件的错误，我们也要避免。

企业选人也是一样，通过上面的案例我们可以看出，选聘人才时需要慎之又慎。在从外部引进人才时，尤其是市场总监这种重要岗位的人才，人品应作为一个重要的考量指标。一旦发现有可能会对工作产生不利影响的因素，即便证据不充分也不要以身试险，一定要充分验证，避免错误的发生。

2. 科学评定，规避用人风险

要想规避风险，首先要制定科学的选聘程序。一般来说，一套相对科学、有效的选聘程序包括五个步骤。

第一步：对候选人进行知识检测，考核其行业和专业知识，以便对其岗位胜任能力有所了解。

第二步：对候选人进行心理测验，考察其职业操守和人际敏感度。

第三步：根据企业实际情况编制情景模拟测验，以此对候选人的工作经验、职业操守、沟通协调能力、组织敏感度以及团队管理能力等方面进行考察。

第四步：进行结构化访谈，在访谈中考察候选人的沟通协调能力、人际敏感度和团队管理能力。

第五步：专门组成一个项目小组，调查候选人的履历背景，对候选人的工作经历、工作职责和工作业绩等进行核实，并根据得来的信息评估候选人的职业操守。

总之，通过制定科学、有效、严谨的招聘、选人程序，并严格照此实施，可以最大限度地避免企业用人风险，为企业找到合适的、优秀的、有潜力的人才。

拓展知识 国外部分名企人员甄选标准

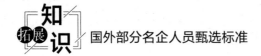

许多名企都有自己选拔人才的标准，下面列出部分名企的甄选标准，以供参考。

1．微软

一般来说，有三种人符合“微软人”的条件：第一种人是非常有激情的人，他们对公司有激情，对工作有激情，对技术有激情；第二种人是聪明的人，他们学什么都快，而且有创新精神，知道怎么获得新想法，并有能力提高自己；第三种人是努力工作的人。

2．松下

松下的人才标准包括：不忘初衷而虚心学习；不墨守成规，常有新观念；爱护公司，和公司成为一体；不自私，能为团体着想；有自主经营能力；随时保持热忱；能支持上司；忠于职守；有担当公司重任的气概。

3．思科

思科公司在进行人员甄选的时候，一般不对其进行智商和情商方面的测试，他们主要关注候选人以下五个方面的特征：一是文化适应性；二是创新精神；三是团队合作性；四是客户导向；五是要有超越自我的目标。

4．宝洁

宝洁公司有七大用人标准：强烈的进取心、卓越的领导才能、较强的表达能力、较强的分析能力、创造性、优秀的合作精神、正直的人格。

5．美国通用电气公司

美国通用电气公司对人才提出四点要求：精力充沛、有团队精神、有创新精神、善于学习。

精准把握招聘需求，破解“手表定律”难题

德国心理学家发现了一个有趣的现象：如果给一个人一块手表，那么他肯定会对这块手表指示的时间确信无疑，但是如果给他两块手表，他反而会不知所措。这是因为，这两块手表的时间很可能是不一致的。他就会纠结：究竟该相信哪一块手表呢？这种矛盾心理被称为“手表定律”或者“矛盾选择定律”。

需求不明：“手表定律”出现的根本原因

某公司总经理华先生正受着“手表定律”的影响。本来他想招聘一位市场经理，通过层层选拔，能入他法眼的只有两个候选人：张先生和李小姐。张先生的特点是比较稳重，有着很好的大局观和很强的策划意识，而李小姐的特点是比较细心，文笔好，市场开拓意识较强。一时间，华先生难以取舍，犹豫不决。

其实，出现这种情况是因为华先生对市场经理的需求并没有一个明确的方向。没有方向的事情是永远无法研判正误的。

很多企业招人难的主要原因也是企业的需求不明确，这种不明确表现在两个方面：一方面是对招聘需求产生的原因不明确，另一方面是对招聘需求

不明确。

一般来说，企业产生招聘需求源于以下四个原因：（1）工作量增加。以工作定额合理、工作量饱和为前提，企业由于产生了新的工作量，需要及时招聘员工。（2）工作难度和专业化程度加大。由于市场环境变化、竞争加剧以及企业和行业发展等多方面的原因，员工的工作难度不断增加，专业化程度越来越高，企业需要增加人手，来完成既定的工作量。（3）工作内容增加。随着企业越来越正规化，各方面的功能日益健全，就会产生大量新的职位，这是企业产生招聘需求的另一重要原因。（4）员工离职。劳工合同到期不续签、企业发展快速而不能胜任工作、出于个人发展考虑等，都会导致员工离职，从而形成最直接的招聘需求。

企业可以根据以上四个方面的原因，对招聘需求进行量化分析，以确定和评判需求职位的关键性。一旦确定关键岗位缺人，企业必须实施招聘。

实施人才选拔计划

要想摆脱“手表定律”的影响，企业就要精准把握招聘需求，而这需要建立在人才选拔计划的基础之上。

人才选拔计划指的是根据公司的发展规划，通过对公司未来的人力资源供需状况的分析和估计，在职务编制、人员配备、教育培训、招聘和选拔等方面所进行的人力资源部门的职能性计划。

依据时间长短的不同，人才选拔计划可分为长期计划、中期计划、年度计划和短期计划四种类型。其中，长期计划适用于大型企业，往往是未来5～10年的规划；中期计划适用于大、中型企业，期限通常为2～5年；年度计划适用于所有的企业，它每年制订一次，常常是公司发展计划的一部分；而短期计划适用于短期内企业内部人力资源变动加剧的情况，是一种应急计划。

人才选拔计划处于人才选拔活动的统筹阶段，它为下一步的人才选拔提供了目标、原则和方法。所以，制订好人才选拔计划，是管理者需要进行的一项非常重要和有意义的工作。

拓展知识 要选拔什么样的人才

每一个企业都需要不同类型的人才，他们之间相互配合，分工协作，才能给公司创造效益。通常来说，主要需要选拔以下五种类型的人才。

1．精英型人才

精英型人才的特点是眼界开阔，志向远大，不斤斤计较；见识异于常人；思维逻辑方式带有个人特色；工作时忘我投入，同时不忘充实自己，广结善缘，不仅能出色完成自己的工作，还能帮助和指导同事完成工作；有着较强的影响力，不管时间长短、地位高低，他们都能不知不觉地影响别人，控制群体的行为。“狼行天下吃肉”，大概说的就是这种有勇有谋的精英型人才。

2．创新型人才

此类人才的特点是不安于现状，总是不断寻找和开拓新的领域，并积极进取，他们对现有的制度和做法敢于进行大胆的改革和完善。这类人才是不可多得的创新型人才。

3．专家型人才

专家型人才最大的特点是精通本行，拥有高深的专业知识和实战经验。这类人才通常无可替代，而且对于领导来说，专家型下属是不可或缺的。

4. 明星型人才

此类人才有七个特点：（1）有雄心壮志；（2）能带动别人完成任务；（3）许多人愿意向他求助；（4）能快速转变思想、做出决定、说服他人；（5）可以独立解决问题；（6）有担当，负责任；（7）比别人进步更快。

5. 知识型人才

知识型人才的特点是具有自主性；能充分发挥自己的才能应对各种可能出现的状况，推动着技术的进步；成就动机强；等等。

善用人才测评法，选出最合适的人才

现在许多公司在招聘人才时，都是“按图索骥”。比如，在招聘条件上写明“本科及以上学历，五年以上工作经验，担任管理职务三年以上”等，人力资源部门就按照“学历、经验、背景”等标准挑选人才。

事实上，按照这样的选才模式，选出来的人才很可能是个庸才，因为学历、经验等都是一些表面、没有经过实践验证的东西，更何况这些标准不能考查应聘者的个人品质、协作能力和敬业精神等内在的本质。而后者往往比人才自身的工作能力更重要，这是因为，有才无德的人往往是害群之马，能破坏整个公司的氛围，甚至损害公司的利益。

那么，如何判定求职者是不是企业所需要的人才呢？这就要用到人才测评法。这种评价人才的方法是现代人力资源管理中的一种专门技术，是一种以心理学、管理学、行为科学等学科为基础，对人才的素质进行测评的综合评价体系。它可以对人的知识水平、智力、个性、职业倾向和潜力等多方面的素质进行综合测评，从而为现代企业选拔和任用人才提供重要参考。

人才测评主要包括三个方面的内容：一是个人能力，如知识面、智力、管理才能、专业技能等；二是个性品质，如情绪的稳定性、独立性、责任心以及决策是否果断、性格是否活泼等；三是个人的职业兴趣与职业的适应性，也就是个人适合做哪方面的工作。

目前，社会上出现了多个人才测评工具，下面简要介绍几种较常见的人才测评法。

1. 通用人才选拔测评法

此法是在美国心理学家高夫所编制的“加利福尼亚心理测评表”的基础上进行修订而成的。在国外，人们普遍认为通用人才选拔测评法是测评个人发展潜力较为准确的一种测验。

2. 卡特尔16种人格因素测验

这种测验方法是针对16岁以上个体的人格特征进行评估的一种最普遍采用的测评工具，常被用于教育辅导、企业管理和临床诊断等方面，针对个体的个性特征和能力水平分析其人格特征，同时可以测量其心理健康水平和自我整合水平。

3. KENNO测验（箱式测验）

此测验属于投射性操作测验，具有较好的隐蔽性，所以能较为真实地反映被测人员的心理状况，测评方式是让被测人员通过对测试题目的理解和分析，按照自己的行为风格和意愿进行操作，以便对其动机、行为风格、反应方式等方面进行考查。

4. 瑞文标准推理测验

这是一种被广泛采用的非文字性能力测验，不仅可以用于个人，还可以用于团体，主要是给被测者安排一些非言语抽象图形的推理任务，通过他们的完成结果测查其心智能力和发展水平、观察力和形象思维推理能力。

现在国际上采用的人才测评工具大都是在这些测评法的基础上发展起来

的，公司可以通过选用单一或者组合的测评方法来获得需要的测评结果。

通常来说，在使用人才测评工具时，会有两种情况。第一种是使用标准测评工具。它的特点是简单、标准、价格便宜，但是可信度相对较低。第二种是使用个性化定制的测评服务。它的特点是较为复杂，需要专业人士或者机构指导，可信度较高，因而价格较贵。企业在聘用高级管理人员或者关键人员时经常使用第二种测评方法，他们需要专门的机构来提供全方位的测评服务，根据被测者的测评结果，对其进行个性化的个人发展指导。

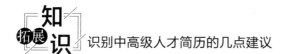

拓展知识　识别中高级人才简历的几点建议

企业在招聘时，要谨防招到“假人才”。所谓“假人才”，指的是学历造假、给人一种能力很强的假象的人才。

为此，人力资源专家给出了三点建议。

1．仔细辨简历

对于简历的真实程度，管理者可以从以下三个角度进行评判。首先，看简历所述的事实是否存在逻辑方面的错误，比如，有的应聘者简历上的教育背景起止时间明显与常识不符，有的工作业绩与工作经历不相符。其次，看求职者的工作描述是否与行业内同等级别岗位职责要求一致，若偏差过大，则可判定简历存在造假的成分。最后，看求职者所在职位和行业内同等职位薪酬水平是否匹配，如果差异非常明显，就要对这份简历慎重对待了。

2．背景调查要仔细

招聘中高级人才时，背景调查是必不可少的步骤。进行背景调查的目的是获取求职者更全面、更真实的信息。

在进行背景调查工作的时候，需要注意：调查的时间最好安排在最后一轮面试结束后与上岗前，这时大部分不合格的候选人已经被淘汰，这样调查的工作量相对较少；调查的周期不要太长，因为优秀的中高级人才是众多公司争相抢夺的“猎物”，调查时间过长，很可能会错失人才；调查的内容应简明，一般包括证书的真实有效性和相关工作经验的真实性。

3．通过猎头顾问来招聘

专业的猎头顾问一般都具有资深的人事经理从业背景、良好的职业道德，他们阅人无数，能够在人才真伪判断和人才背景调查方面准确把握。他们一般会通过电话咨询、问卷调查和访谈记录三种模式来展开调查，以确认候选人证书和职称的真假，并确认其人品和职业道德。

第二章

了解九型人格，让人才任用更加精准化

人才是企业的未来，而九型人格是一门专门研究性格属性的学说，二者结合，将有利于企业管理者选拔和任用人才。每一名员工都有自己的人格特质，管理者可以根据这些特质，给他安排最适合的岗位，在工作中调整和他的沟通方式，并采用有针对性的激励方式，这些都可使管理者在选人和用人时更高效。

了解九型人格的特点，避免错误定位

在结构化面试中，许多企业考虑最多的是长相、学历、经验等因素，比较重视“岗位胜任力”。然而，影响胜任力的还有另外一个十分重要的因素——人格，很少有人将其作为一个单独的要素来进行具体的分析、考虑。

著名精神分析心理学家弗洛姆认为，人格是人的先天和后天的全部心理特征的总和。先天特征指的是人的“气质”，它是一种不变的反应模式。后天特征指的是人的“性格”，它是人在后天的生活中受到各种社会因素影响而形成的一种相当稳定的行为模式。由此可见，对“人格”的研究包含了“气质”和“性格”两个方面。

我们平时总是说要“理解他人”，但是对自己、对他人都不够了解，又谈何理解呢？这就是说，“理解”的前提是“了解”，而了解主要是了解对方的人格特质。对于企业来说，有时候选人不准，不仅和应聘者对自己不够了解、做出错误的职业定位有关，还和企业缺乏有效的识人技能有很大关系。由于不了解九型人格，招聘方很可能被求职者的一些言行蒙蔽，表面上是求职者不过关，实际上是招聘方的失误，他们对人性不够了解，没能好好掌握九型人格这个识人、用人工具，所以做出了错误的判断。

其实，人一生下来就被赋予了不同的使命和不同的气质，客观地说，这些不同的使命和气质并没有绝对的好坏之分。但是对同一个问题，不同人格的人会从不同角度去审视不同的侧面。

比如，3号人格的人常常能从问题中看到机会，而6号人格的人看到的是风险，8号人格的人看到的是自己的地位，1号人格的人看到的是它是否符合规范，等等。

这种不同的偏好、倾向决定了他们不同的职业发展方向，这就是说，人格类型和职业定位有很大关系。如果一个人能从事某些与自己的人格类型相符的职业，那么他成功的概率就会更大。

成功的模式不止一种，不同的模式能够达到同样级别的成功。如果管理者能够明白这些，就能大大降低“选错人”“用错人”的概率。

对于管理者来说，九型人格是一个十分有效的选人、用人的工具，利用九型人格对求职者和在职员工进行分类，依次比照适合他们的岗位类型和技能方向，找出最合适、最能发挥个人潜能的员工。

需要注意的是，利用九型人格对员工进行筛选，并不是人为地将他们分为三六九等，而是要在科学分析的前提下对员工的贡献方式进行区分。

举例来说，1号完美型人格的员工最适合负责重大项目和任务的质检工作，他们严谨的性格简直就是成功的保证，但是他们不适合做灵活多变的公关工作。

而具有7号享乐型人格的员工完全可以在市场部或者其他对创新有很高要求的部门为自己争得一席之地，他或者可以在市场部一展拳脚，或者可以凭自己不断涌现的创意、狂热的冒险精神来最大限度地调动整个部门的创作激情。

8号控制型人格的人则是需要管理者慎重对待的员工，他们有着极强的领导能力，足以锻炼出任何一支团队，但过于偏执的父权式思想会导致整个团队的崩溃。

总之，每个人都有不同的人格，管理者要做的就是找出适合不同工作岗位的不同人格的人才，让其在自己的岗位上发挥最大的潜能。

拓展知识 九型人格学及其应用

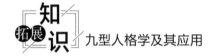

九型人格学是一门具有两千多年历史的古老学问，属于人格心理学范畴，它按照人们习惯性的思维模式、情绪反应和行为习惯等性格特质，将人格分为九种：1号完美型、2号付出型、3号成就型、4号感觉型、5号思想型、6号忠诚型、7号享乐型、8号控制型和9号和平型。每一种类型都有着鲜明的特征，它们并没有好坏之分，只不过不同类型人格的人回应世界的方式具有可被辨识的根本差异。

九型人格学是两千多年前印度人研究出的关于人性的学问，后来由苏菲学派传承。其后，九型人格学说辗转流传到欧美等地，受到美国一些学者的重视和欢迎。

九型人格学是一门讲求实际效益的学科，是应用心理学中的一种，应用范围极其广泛，尤其适用于企事业单位在人员招聘、组织构建、团队沟通等工作中，作为评价人才人格的工具使用。

另外，美国通用汽车公司、可口可乐公司、惠普公司等一些世界500强企业早已把九型人格学运用于企业管理中了。全球500强企业的高层管理人员都曾研习过九型人格学，并以此来培训员工，帮助他们提高组建团队、加强沟通、提升领导力、增强执行力等多方面的能力。

1号人格职业定位：关注细节的“纠错机”

在一项针对优秀人才的调查中，大多数员工和管理者期望的优秀人才具有以下几种特征：遵循规则、自律、技术精湛、要求严格等。大多数企业认为很少有人能满足上面的标准。然而，事实恰好相反，有一种人格类型似乎就是为这些标准而生的，这就是九型人格中的1号完美型人格。

了解1号人格的特征

要了解1号完美型人格的人，首先要对他们的外在特征有一些基本的了解。

1. 肢体语言

1号人格的人的肢体语言比较容易辨认，他们的面部表情通常很严肃，脸部轮廓分明，常常不苟言笑。他们的肢体动作相对比较僵硬，所以不擅长舞蹈，常常排斥唱歌、跳舞等娱乐活动。

2. 着装

1号人格的人对着装比较讲究，总是很严谨，很少出现穿着随便的情况，他们对奇装异服非常排斥。他们喜欢一丝不苟，按照标准要求着装，而且往往只穿自己感觉满意的几套衣服。

3. 东西摆放

1号人格的人对东西的摆放有着严谨的要求，他们喜欢物品摆放井然有序，一旦有人将东西胡乱摆放，他们就会产生不满情绪，同时他们喜欢把自己的房间和场地整理得井井有条、一尘不染。

4. 挑剔的眼光

1号人格的人似乎总是感觉不满，他们看待一件事物，总是能发现不足的地方，总是能找出问题，然后滔滔不绝地发表评论，所以常常给人一种挑剔的感觉，其实他们只是对事不对人。

1号人格的人的职业方向

作为员工，1号完美型人格的人会是团队和集体中最优秀的那一个。他们常常是企业中最负责任的组织者和管理人员，用自己的如炬目光发现错误，并及时纠正。注重程序和规则的态度也使他们永远不偏不倚，将所有工作都认真按时完成。

在工作中，1号人格的人会无条件表达自己的中立和公平的态度，很少掺杂个人感情或者别的什么原因，只要这些因素与工作无关，他们常常将其抛到脑后，一旦牵扯到工作本身，他们就会把工作放到规则里面进行讨论。不管什么类型的工作，一旦被1号人格的人接受，他们的认真态度和执行水平就会得到充分验证。

因此，管理者最适合把那些制度流程明确、工作责任清晰的工作交给1号人格的人负责，如财务、行政、质检等。

相反，那些没有固定的规则和思路可以参考，且对创新思维要求比较高的工作，如技术研发等，就不适合1号人格的人来做，这会让他的贡献大打折扣，原因不是他们习惯于墨守成规，而是他们对工作尽善尽美的不懈追求制约了其思维的发散性。

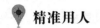

此外，1号人格的人追求完美、喜欢挑剔的特性使他们出众的同时，也成了他们的软肋。这样的性格很容易让他人对其敬而远之，而对于工作来说，没有团队的共同协作，仅靠1号人格的人的一腔热情是很难真正完成的，最终只会挫伤所有人的积极性。

总之，管理者在选用1号人格的人才的时候，要尽量用客观的眼光去看待他们的工作热情。

1号人格的人的激励模式

1号人格的人只会尊重和自己一样看重规则的人，他们并不惧怕权威，却希望得到代表权威的一方对自己规则的认同。由于1号人格的人的认知常常是非黑即白，所以他们无法认同强加在自己身上的价值观，但他们接受建议的本性是不会变的。

需要注意的是，企业管理者在激励1号人格员工的工作热情的时候，千万不要许诺什么或者用别的与工作无关的因素来扰乱他们的思路，而应以尊重对方的理念和工作态度为前提，诚恳、清楚地回应对方的困扰和要求，以此保证大环境的程序和原则，用最鲜明的方式去影响1号人格的员工，为他们讲明“对”“错”的相交之处，然后静待他们自己理解。

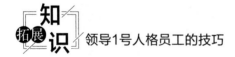

拓展知识 领导1号人格员工的技巧

作为管理者，应该如何更好地领导1号完美型人格的员工呢？

管理者首先要懂得尊重1号人格员工的特质，对他们的工作给予充分信任，可以给他们安排相应的权责，以此激发他们的使命感和道德感，而且管理者自己要表现出出色的工作能力和正派的人品，来赢得1号人格员工的信任，这样他们才会遵从自己的引导部署。

在为1号人格员工分配任务时，最好将准则、程序、责、权、利范畴都表达清楚，规矩一旦制定就不要随意更改，因为1号人格的人非常讲究原则，喜欢按规则办事。如果必须更改，应及时与他们沟通。

在与1号人格员工互动时，管理者要表现得真诚、谦逊、有耐心，并听取和肯定对方的倡议，这样才能建立起彼此尊重、彼此信任的关系。

在1号人格员工指出管理者某方面的过错或者不公平时，管理者最好虚心接受，及时做出调整，并适当容忍他们的坏脾气，这样才能赢得对方的信任。对于1号人格员工的工作，管理者要及时给予鼓励，并赞赏其原则性和奉献精神，不要采用直接批评和过多赞赏的方法。

2号人格职业定位：具有组织才能的“热心肠”

如果说1号完美型人格的人的特征是目光如炬、一丝不苟，那么眼光独到、有求必应恐怕就是人们对2号付出型人格的人最直观的认识了。

了解2号人格的特征

将2号付出型人格的人的特征仅仅概括为“热心肠”未免有点草率，其实，他们还有另一面。

1. 身体语言

2号付出型人格的人身体语言非常丰富，他们非常爱笑，以至于很多这种性格类型的人眼角处都有很多鱼尾纹。很多2号付出型人格的人性格开朗，能歌善舞，喜欢交朋友，而且他们似乎天生充满亲切感，又很容易发现别人的需求，喜欢服务大家，所以能很快融入一个团队或者集体。

2. 不懂拒绝

2号付出型人格的人常常很难拒绝别人提出的要求，即使自己完成起来有一定的难度，他们也会答应对方，即使心里不情愿，也不会在肢体行为上表现出对对方的抗拒，有时甚至会牺牲自己的利益去帮助别人。我们经常看到一些成功者在舞台上光芒四射，接受人们的鲜花和掌声，殊不知，有人在后台默默流泪，激动不已，因为他辛苦培养的人终于成功了，而这个人甘愿在幕后默默付出，这也是2号人格的人的表现。

3. 对人不对事

2号人格的人的行为方式与1号人格的人正好相反，他们是对人不对事。

陈女士是一家汽车俱乐部的人事主管，她为人和蔼可亲，经常帮助职员解决个人困难，就像所有人的知心姐姐一样。

有一次，一位客户因为车维修时间过长而大发雷霆，将前台的客服小姑娘骂哭了。而且，按照店里的规定，因服务不周而导致客户不满的职员要被扣发当月奖金。陈女士了解了事情的来龙去脉之后，她亲自安抚那位客户的情绪，最终获得了谅解，事后她也没有追究那个前台小姑娘的责任。

按照陈女士的说法，虽然接待客户不属于自己的工作，但是看到下属需要帮助的时候，自己总是会忍不住帮他们一把。她说："我喜欢帮助别人，也很享受大家对我的赞美。这个孩子其实并不笨，工作技巧可以学，但是千万不能让她心灰意冷，否则我们的付出就白白浪费了。"

从陈女士身上，我们能看到2号付出型人格的人的特质。

4. 注意力永远在别人身上

2号付出型人格的人总是将注意力放在他人身上。时刻关注他人动向，是这种类型的人的一个非常显著的行为特征。他们善于从他人的眼神、神态、言语中，敏锐地捕捉到对方当前所面临的困难。他们喜欢与别人交流，乐意与所有能建立关系的人交往，而且交往越深入越好，因为交心才是他们的最终目的。

也正因为这样，2号人格的人在每个人面前表现得都不太一样，常常给别人留下八面玲珑的印象，而这正是他们强大的适应能力的证明。

2号人格的人的职业方向

2号付出型人格的人在工作中的表现和1号人格的相似，他们为了工作可以不顾一切，并且对此充满信心，他们的信心来自对集体和他人的信任。他们的行动力超强，让人赞叹不已，对工作目标的坚持有时连1号人格的人都自叹不如。他们对利益的认知非常清楚，却对利益的分配十分模糊。

总的来说，2号人格的人会主动把整体利益凌驾于个人利益之上，总是优先考虑他人的利益。在他们眼中，“我为人人”应放在意图明显的“人人为我”之前，所以他们经常将温暖带给大家，辛勤关爱每一个团队成员，让所有人都感受到被照顾、被保护的快乐。

由此可见，2号人格的人最适合的就是以沟通和构建人际关系为主要工作内容的岗位，比如客服、销售、公关、心理咨询师、教师、导游等经常和别人打交道的工作。对于会计、监督这种不能掺杂个人感情因素的工作，2号人格的人不但做不了，还会有意识地排斥。

2号人格的人的激励模式

在对人不对事的2号人格的人看来，被上级和老板批评是一件严重的事情，这意味着对方从根本上否定了他们对所有人所付出的关爱和帮助，否定了他们对“爱”的理解，这会让他们无比痛苦。

因此，管理者在激励2号人格的员工时，最好用更温柔、更有感召力的方式。比如，真诚地告诉他们，需要他们的帮助，需要他们怎么怎么做，这样他们就会从心底产生强烈的自我认同感，因为对方的这种需要让他感觉到了自己的重要性，感觉到自己被温暖地关注着，继而认为自己确实是企业战略拼图中必不可少的那一块，就在那一瞬间，他们发现了自己的价值，于是全力以赴完成工作，甚至挖掘出自己的潜力，只为得到一个令所有人都满意的结果。

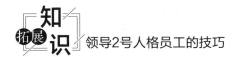

拓展知识　领导2号人格员工的技巧

对于2号人格的员工，管理者该如何管理呢？

（1）主动关心、体恤2号人格的员工。有时候，2号人格的员工在为公司、同事以及其他重要的人付出的过程中，会感到疲累，作为领导者，应该将内心的感谢表达出来，这样会使他们感觉自己付出的关爱有了回报，一切辛苦都是值得的。

（2）当他们在帮助你的时候，如果你不需要，一定要说出来。相比那些总是压榨他们的付出的“压榨专家”的做法，这样可以帮助他们减少一些付出。

（3）2号人格的员工特别害怕当众出丑，所以在给他们安排工作的时候，最好留出宽裕的时间，以免他们完不成失了面子。这是因为，他们的时间经常不属于自己，而属于孩子、爱人、同事等，他们经常在上班的时候帮助同事干活，然后下班后加班完成自己的事情。之所以这样做，主要是因为别人有困难不帮助的话，他们心里会过意不去。

（4）多给予认同和重视的回应、赞美。要让2号人格的员工觉得自己非常伟大，就要多温暖他们的心。当出现矛盾和问题的时候，管理者最好给足他们面子，让他们有台阶可下。

3号人格职业定位：渴望成功的“工作狂”

在公司里，我们常常会遇到这样的员工：他们非常自信，有着很强的自尊心，精力旺盛，能够圆满而出色地完成工作，他们非常注重个人的声望和地位，或者说，他们重视个人形象管理，热衷于在其他员工或者上司面前展示自己，有一种强烈的成功欲望。他们有理想，有抱负，工作起来总是不知疲倦，一听说要加班，就会变得兴高采烈。

没错，他们就是天生的“工作狂”。事实上，具有以上典型特征的人就是本节要讲述的3号成就型人才。

了解3号人格的特征

我们如何辨别3号成就型人才呢？通过以下几种特征，很容易就能将其分辨出来。

1. 外在特征

这类人总是衣着光鲜，总是追求名牌，喜欢用名牌包装自己，给别人一种成功者的形象。他们说话语速很快，总是充满自信，言语表述中常常带有绝对和夸张的字眼，如“好极了”“太棒了”“超好”等。

说话的时候，他们的眼睛炯炯有神，并经常伴随着一些肢体动作。比如，双手手掌互贴，意在说服别人，请求别人；双手互搓，表示积极参与；双手手指互对并指向上方，显示出自信；等等。几乎所有积极的身体语言都能在3号成就型人才的肢体动作中表现出来。

2. 行动力超强

在工作中，3号成就型人格的人为了取得成功，会不惜付出任何努力。他们的身体始终处于积极状态，很少能看到他们偷懒，也不会听到他们对工作有任何怨言。相反，他们会想尽一切办法提高自己的工作效率。

他们目标明确，志向高远，有着极强的行动力。对于他们来说，只有行动才有力量。在工作中，他们常常借助身体语言来表达自己的思想，以最大限度吸引他人的注意力。比如，他们会在演讲的时候不断地变换自己的手势，以吸引大家的注意力，达到演讲的目的。

3. 充满热情

3号成就型人才最大的特点就是热情。在和同事及领导共事的过程中，他们总是精神饱满，活力十足。在与人交谈的时候，他们会诚恳地注视着对方，不断点头表示认可。而且，在交谈的过程中，他们的手势语言非常丰富，说话语速很快，总是想主导整个谈话进程。

4. 爱表现

成就型人才总是喜欢表现自己，而且他们善于表现自己。比如，在一些工作会议或者培训课程中，他们总是迫不及待地举手发言，敢于说出自己的观点。他们并不认为这样做有什么不好。为了取得成功，他们甚至会表现出冷酷无情或者骄纵的一面，这可能会在不知不觉中伤害到别人。

5. 情绪稳定

3号成就型人才认为情绪会威胁到个人的形象，所以常常忽略自己的情绪，而将精力用于紧张、忙碌的工作中，这也就使得他们的情绪稳定，不会出现什么失态的举动。

3号人格的人的职业方向

正确的职业定位可以将3号成就型人才的巨大潜能激发出来。如果管理者能将他们的热情和竞争意识激发出来，那么他们能为公司的发展做出卓越的贡献。

依据3号成就型人才的性格特点，最适合他们的莫过于一些具有挑战性且竞争激烈的岗位，如销售、公关等，这些岗位的员工经常面临很大的压力和竞争，而且很多东西也会不断发生变化。对于3号成就型人才来说，他们有能力、有魄力，渴望变化，渴望挑战，渴望被认可，渴望自身的潜能在工作中能爆发出来，而竞争中的胜利能让他们体会到自身的价值和生活的乐趣。

最不适合3号成就型人才的岗位是那些一成不变、千篇一律的工作，如当工厂的流水线工人、质检人员、会计、服务员、图书管理员等，这些工作通常要求员工有一定的耐心，能忍受安静。这与3号成就型人才的性格格格不入，他们天生好动，喜欢在不断变化中挑战自己，实现自身的价值。这也是那些岗位不适合3号成就型人才的重要原因。

3号人格的人的激励模式

3号成就型人才最需要的就是来自领导的信任和鼓励，他们有着强烈的成功欲望，极其渴望得到别人尤其是领导的认可，所以，管理者要学会激励他们建立自信心，鼓励他们保持竞争精神，对他们的工作成绩予以肯定，并适当放权让他们放手去干。

另外，管理者还要善于在他们面前展示公司的前景，即运用目标激励法。也就是，让他们看到自己经过多年奋斗所能得到的辉煌前景和自身收益。这会让他们在心底燃起一种强烈的成功欲望，从而更加努力地工作。

还有，最重要的一点，3号成就型员工是比较讲求实际的，所以物质激励不可少。一定的物质激励能在很大程度上激发出他们的狼性，让他们为了一定的目标更加努力奋斗。如果目标的物质刺激没有引起他们太大的兴趣，那么就很难调动起3号成就型员工的工作激情。

拓展知识　领导3号人格员工的技巧

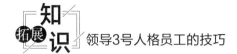

针对3号成就型员工的性格特点，管理者需要怎么管理才能让他们更好地为企业服务呢？

3号成就型员工在工作方面常常会表现出自发自觉的特点，也就是不需要领导的监督和督促，就会积极地加班加点完成任务，这是他们的优势，管理者应对他们的行为和成就予以肯定和表扬。同时，在公司内部建立一种重视成就、表现和效率的氛围，给3号人格员工提供充分表现的舞台。

管理者最好在工作中建立以目标为本的管理模式，让员工将自己的工作重心始终围绕目标展开。有了目标的指引，3号成就型员工的工作就有了前进的方向，工作起来自然能事半功倍。不过，在此过程中，管理者需注意不要为了完成目标给他们过大的压力，使他们保持情绪稳定，否则效果可能会适得其反。

管理者应注意3号人格员工在工作中可能出现的一意孤行问题，否则可能会出现专制的局面。在他们完成任务期间，管理者应多与他们沟通，加强彼此间的联络和合作。管理者最好做到民主，积极听取3号人格员工的建议。因为他们自尊心很强，自认为很优秀，他们爱好舞台，喜欢被重视的感觉，如果自己的建议能够被采纳，他们就会以最大的热情投入工作。此外，由于3号人格员工重视行动，所以管理者要以身作则，这样才能产生更大的激励效果。

4号人格职业定位：拥有独特审美和创意的艺术型人才

作为管理者，你会发现公司里有这样的员工：他们在工作中十分注重体现和标榜个人的工作风格，对一些工作细节的处理非常尽心，并把这些细腻的细节处理当作自己与众不同的工作风格的表现。从九型人格的角度来分析，这类员工属于典型的4号感觉型人才。

了解4号人格的特征

有的公司领导对4号感觉型员工束手无策，领导不知道如何接近他们，他们似乎总是拒人于千里之外，没有人知道他们在想什么。虽然在工作中他们也会与别人合作，但是合作得明显不那么密切。这样的员工让领导产生一种无力感和无助感，不知道如何领导他们。

与这类员工接触久了，人们往往会发现他们对世事有着深刻的洞察力，对人有着深刻的理解，他们大多数时候能识破别人内心的想法。所以，许多人对这种人格的人感到恐惧，但是，他们是内心非常善良的一群人，十分愿意做一些雪中送炭的事情。除此之外，他们还有以下特征：

1. 内心丰富

4号感觉型员工的内心极其丰富，这常常可以从他们的服饰打扮上看出来，他们总是频繁更换不同风格的服饰。他们之所以如此多变，主要是因为他们的内心十分丰富，今天他们感觉自己是某一种类型的人，可能明天他们就觉得自己是另一种类型的人。所以，他们会根据自己当天的内心感受来选择不同的服饰。

2. 性格较内向

内向的概念其实很好理解。内向的人与外向的人的本质区别不在于他们是否喜欢表达，而在于他们受伤后是否喜欢找人倾诉。通常情况下，内向的人不喜欢找别人倾诉，他们喜欢找一个安静的地方独自疗伤。

3. 敏感

4号人格的人内心丰富与他们天生敏感是分不开的，似乎周围发生的一切都能触动他们敏感的神经。有时候，其他人会对他们情绪的变化感到莫名其妙，但是这就是4号人格的人的特征，不管看到什么、听到什么，都能引起他们内心的变化。

4. 跟着感觉走

4号人格的人是九型人格的人中最浪漫的一种类型，他们忠于自己的感受，高兴就是高兴，不高兴就是不高兴，不会有什么隐瞒。

4号人格的人的职业方向

4号感觉型员工对生活有一种浪漫的艺术态度，他们通过幻想、想象和夸张的激情来强化内心的感受。他们有意与外界保持一定的距离，认为自己是一个局外人，并将这种对生活的态度延伸到感情及职场上。

针对4号感觉型员工的性格特点，最适合他们的职位莫过于一些需要创意的工作，如策划编辑、设计师、广告人、影视策划、画家、作家、演员、艺术指导、营销策划等职业。这些工作都要求员工具有很强的创新能力，也就是能从日新月异的社会变革中找到人们所需要的事物。而开展这些有创意的工作需要有足够的耐心和安静地思索，4号人格员工所具备的细腻情感以及卓越的想象能力，有助于他们很好地完成这些工作。而那些刻板、枯燥的工作，对于4号感觉型员工来说，简直是一种折磨。

如果一份职业既能满足4号人格员工自身发展的需要，又能够让他们尽情地发挥自己的想象力和创新力，那么这就是其最合适的职业定位。

总的来说，4号感觉型员工最具特色的就是他们的感受，尤其是他们细腻的内心世界。只有挖掘出他们内在世界的创意，将其投射到现实世界中变成实实在在的作品，才能真正做到"人尽其用"。

4号人格的人的激励模式

对于偏文艺性的4号感觉型员工，最好的激励方法莫过于来自他人的欣赏和认同，尤其是来自领导的赞赏和肯定，更会让他们产生一种"知己"的感觉，这样他们会觉得自己所有的付出都有了价值，就会更加努力去完成工作。

俗话说："士为知己者死。"这句话放在今天的职场上同样适用。对于4号感觉型员工来说，来自领导的认可往往比物质激励更有效。

因此，领导者要学会赏识4号感觉型员工的独特创意和品位，让他们感觉良好，这样他们的工作效率便会提高。

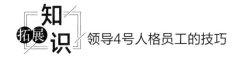

拓展知识　领导4号人格员工的技巧

管理4号感觉型员工，要根据他们的性格特点采取相应的管理方式，这样才能最大限度地激发他们的潜力，凸显出他们的真正价值。

4号感觉型员工的情绪波动很大，不是处于情绪的低谷，就是处于活跃的顶峰，他们常常过于关注自己的情感，而忽略了周围环境的变化。

当领导者发现他们因情绪波动太大而影响到工作的时候，首先应和他们进行沟通，找出他们工作失误的原因，帮助他们缓和情绪，让他们有遇到知音的感觉，他们的情绪状态就会变得积极起来。在这种状态下，领导者再和他们探讨提升工作能力和水平的问题，他们就会更容易接受。

4号感觉型员工常常与别人相比，很多时候，他们认为自己是不完美的，在某些方面有所欠缺，于是常常会嫉妒他人的优点，同时对自己的缺点感到自卑。这时，他们就会沉浸在抑郁的情绪当中，工作积极性就会大大降低。

在工作中，为了避免4号感觉型员工因情绪糟糕而消极地应对工作，领导者要采取一些有效的方法来让他们明白：世界上的万事万物都有其自身独特的特点和优势，都有其存在的意义和价值。同时，领导者还要对他们进行客观地分析，说出他们的优势和劣势，让他们看到自己的长处和潜力，而不是望洋兴叹、妄自菲薄。

5号人格职业定位：深思熟虑的知识型人才

在一个企业中，总有那么一个或者几个员工，他们显得那么格格不入，似乎从来不会主动找别的同事聊天，也不和他们探讨工作方面的问题，他们总是独自坐在一旁，办公桌上摆满了各种奇奇怪怪的书籍……他们就是属于5号思想型人格的人。

了解5号人格的特征

5号思想型人格的人就像是这个浮躁社会中的隐士，他们学富五车，却不善于与人交往；他们喜欢思考人生，却总是给人一种难以接近的距离感。在职场上，与5号思想型员工打交道时，领导者往往无法在道理上说服他们，因为他们不管做什么事情都会将其概念化，并得出结论。不过，领导者可以通过解读他们的身体语言来了解和管理5号思想型人才。

1. 肢体语言

5号思想型人格的人往往给人一种专家的印象，他们多数有着高高的额头，看起来很稳重。他们说话不紧不慢，有很强的逻辑性。他们的肢体语言不够丰富，甚至有些僵硬，对舞蹈等肢体表现的活动不是很擅长，一般很抗拒。但是他们有着很强的艺术鉴赏能力，对艺术有着很深入的见解，是深刻的理论家。

2. 交流困难

在和别人进行交流的时候，5号思想型人格的人常常会陷入自我的思考状态，并配合诸如皱眉、挠头、在纸上画东西等表情和动作，他们的面部几乎没有什么表情，不太考虑他人的感受。他们不喜欢长时间的交流，除非是探讨自己研究领域的专业问题，他们认为自己把该说的话说完就行了。还有一点，如果他们判断出谈话之人的智力较低或者知识面不够广，那他们就会突然不再说话，实则是不想再聊下去了。

因此，在和5号思想型人格的人进行交流的过程中，如果他们的手势不断变换，瞳孔不断缩小，表示其对所谈论的话题感到厌烦，那么最理智的做法就是赶快换个话题或者干脆直接闭嘴。

当然，当看到5号思想型人格的人眼神变得很专注，瞳孔开始由小变大时，最好不要打扰他们，否则他们就会因被打断思考而抱怨。

3. 不喜欢公开竞争的“真理捍卫者”

5号思想型员工很少去公开竞争什么职务，他们似乎不喜欢在他人面前过于表现，或者抛头露面。有时候他们会与他人展开辩论，不过这种辩论通常是关于某方面的理论或者某个观点的辩论，因此可以说，5号思想型人格的人是天生的“真理捍卫者”。

4. 理论性强，行动力差

5号思想型员工理论性很强，甚至有时显得很固执，会就某个观点坚持到底，时常强调理论性和逻辑性。在某项活动中，他不一定是领导者，却往往是心思最缜密的人，所以常常担任幕后指挥者的角色，但是他们的行动力不一定很强。

5号人格的人的职业方向

5号思想型员工喜欢自由的、不受约束的工作环境，对于他们来说，足够的思考时间和空间尤为重要。所以，适合他们的工作首先要能够让他们有足够的时间去思考。

根据他们的这种特点，管理者可以给他们安排那些要求有创新能力和耐性且对竞争要求度不高的工作。这种工作相对来说独立性比较强，不受人打扰，这样他们就有足够的时间进行思考。

由于5号思想型员工崇尚“知识就是力量”，所以管理者宜给他们安排一些知识性较强的工作，比如技术部门的技术工作就比较适合他们来做，对于技术创新或者技术研究，他们很容易上手，并沉迷其中。

此外，一些研究型、参谋型的工作和职业同样适合5号人格员工来做，如行业分析、未来产业规划、企业战略规划分析、市场分析等，对于这些工作，他们同样能够交出令人满意的答卷。

相反，那些挑战性强、公开竞争激烈的工作则不适合5号人格员工来完成，如销售员、公关等职位，要求员工具有快速做出反应的能力，并和别人进行大量面对面的交流，这对于天生就喜欢沉浸在幻想世界和自我世界里的5号人格员工来说简直是一种折磨。

5号人格的人的激励模式

有调查显示，在没有任何激励的情况下，5号思想型员工仅能发挥其工作能力的30%左右，而采取正确的激励措施后，他们的工作能力的发挥可以提升到80%～90%。所以，对于企业管理者来说，采取正确的激励模式是非常重要的。

对于5号思想型员工，管理者可以采取两种激励模式。一种是心智激励模式。由于他们比较注重心智活动，领导者可以从5号人格员工自律性强、自我精神价值实现欲望强等角度对其进行激励。这种对心智的激励能够激发5号思想型员工的潜能，使他们一直处于高效的工作状态，这不仅节省了企业的运营成本，对员工本人的进步和成长也十分有利。

另一种激励模式是目标激励。在5号人格员工不断完成自己的工作任务的过程中，管理者要对他们的工作成果给予肯定，促使他们不断地完成一个又一个小目标，最后逐渐实现大目标。在这一过程中，企业管理者要注意所设置目标的可行性，如果目标不是那么切实可行，就会挫伤5号人格员工的积极性，也就无法起到激励他们的效果。

拓展知识 领导5号人格员工的技巧

很多领导抱怨5号人格员工不服从领导的指挥，反应很慢，即使事情再急，他们也是慢吞吞的样子。其实，5号人格员工不是不尊重权威，而是他们喜欢做事有条理、有逻辑，他们不喜欢那些冲动型的领导。

因此，领导者在对他们下命令时最好有清晰的指令和逻辑分析，这样才能让他们信服，如果只是对其下指令，而不加以分析和说明，那么他们会觉得这是对自己的极大不尊重。在感情上，5号思想型员工希望自己能够被当作专家来对待和尊重，所以企业管理者可以对他们态度和蔼一些，姿态放低一些。

此外，由于5号人格员工看问题总是理性多于感性，他们总是能够站在理性的角度分析事物方方面面的影响，所以管理者可以多听听他们的建议。他们总能看到他人疏忽的一面，并找出潜在的危险，加以分析，制订出周密有效的应对良策，从而避免团队陷入危机之中，以便获得更好的发展。

6号人格职业定位：勤劳谨慎的“老黄牛”

在职场中，我们总会发现一些对领导比较忠诚的人，不管领导安排什么任务，他们都会认真完成；无论遇到什么事，他们都喜欢询问领导的意见；常把“怎么办”挂在嘴边……具有这种特征的人就是6号忠诚型人格的人。

了解6号人格的特征

在九型人格的人中，6号忠诚型人格的人是典型的怀疑主义者，他们认为这个世界危机四伏，人心难测，一旦交友不慎，很可能就会被人利用和陷害。与5号思想型人格的人享受孤独不同，他们害怕孤独，害怕自己被孤立、被抛弃，所以对人和事没有安全感。

事实上，他们渴望与人接触，希望得到他人的保护。一旦他们发现了力量强大的领导者，他们就会对其十分顺从、忠诚。除此之外，6号忠诚型人格的人还有以下几个特征：

1. 身体语言

6号忠诚型人格的人常有肌肉绷紧、双肩向前弯等表现；面部表情慌张，避免与别人有眼神接触，颧骨处的肌肉常常是紧张的，即使笑的时候也是如此；着装以便于打理为原则，款式简洁，朴实无华，以深色居多。

他们喜欢合群，这样会给他们带来更多的安全感。他们不管行走、站立还是坐卧，都会显得局促不安，更不喜欢和关系普通的人靠得太近。他们只喜欢和自己信任、依赖的人在一起，而且会产生较强的依恋感。

2. 对环境保持警惕

6号忠诚型人格的人总是对环境保持着高度的警惕性，他们冷静、机警，洞察力强，所以他们的眼睛通常是游离的、冷冷的、没有感情色彩的，有一种疏离感。

3. 念旧

6号忠诚型人格的人比较念旧、重感情，他们的一个很明显的特点是经常和老朋友联系，他们对情感非常依赖，从小学到现在的新、老朋友，他们都与之保持着联系。

4. 语言特征

6号忠诚型人格的人说话时声带颤抖，语调比较低沉，节奏较慢；他们的话语中理性的成分比较多，甚至关于情感、情绪的一面也是用有逻辑的方式来表达；谈问题时总是兜兜转转，无法快速进入正题，常常通过旁敲侧击来探测对方到底值不值得信任。

6号人格的人的职业方向

从6号忠诚型员工的性格、天赋和能力来看，适合他们的职业要规划明确，做任何事情都要有据可循。他们常常自我怀疑，只有对有把握完成的事情才充满信心。所以，那些制度不明确的职业是他们在职业定位中尽量避免的。

此外，6号忠诚型员工在面对不确定性大、关系复杂的职位时，常会乱了分寸，以至于变得焦虑、懦弱。企业管理者在为他们安排职位时应尽量避免关系复杂、竞争激烈和无章可循的工作。

综上所述，诸如财务、生产、质检、精算、审计、文秘等操作条理清晰、职责明确、责权分明的工作最适合6号忠诚型员工来做，与其性格的匹配度较高。

6号人格的人的激励模式

根据6号忠诚型员工的特点，企业管理者可以通过下面两种方法对他们进行激励。

（1）给予他们充分信任。由于6号忠诚型员工没有安全感，缺乏自信，管理者可以给予他们充分的信任，并给予鼓励，让他们放下思想包袱，放手去做。只有这样，他们才会充分发挥自己的优势，将工作完成得很好。

（2）创造和谐的工作环境。企业管理者可以通过创建和谐的工作环境和团队来激励6号忠诚型员工将自己的精力投入工作，因为一个事事有规可循，人事及权力架构简单清晰，规则明确的公司，对他们来说是最好的激励。这是他们最依赖和重视的因素之一。

拓展知识　领导6号人格员工的技巧

对于6号忠诚型员工，管理者可以运用以下方法进行引导、管理。

1．对其信守承诺

6号人格员工最大的特点是忠诚，他们非常重承诺，同时也要求别人做到信守承诺，承诺他们的事情或表示过要为他们争取的利益一定要兑现。这就要求管理者在对其进行管理时，要对自己所说的话负责，兑现自己的承诺。否则，很容易激起他们对权威的反抗情绪，他们就会成为让管理者头疼的员工。

2. 帮助他们化质疑为动力

对于6号人格员工来说，怀疑是他们的天性，他们怀疑一切，而且十分欣赏和满足于自己的怀疑态度和做法。但是如果过于怀疑一切，就很容易陷入猜疑之中，以致阻碍行动，影响工作效率。

因此，领导者在面对6号人格员工不断发问的怀疑精神时，不要表现出不耐烦，而要用事实加以论证，这样才能给他们带来安全感。同时，管理者还要注意将他们的怀疑精神引导至创新方面，帮助他们化质疑为动力，避免他们陷入猜疑的旋涡。

3. 引导他们的情绪

6号人格员工习惯将注意力放在生活中的负面事件上，他们常常把事情往最坏处想，但是过于注意负面想象会让他们在行动之前充满悲观情绪，这常常导致行动延误，极大地影响了他们的工作效率。作为管理者，可以将6号人格员工的负面情绪引导至有利的方面，帮助他们树立积极的生活态度，这对团队的发展也更有益。

7号人格职业定位：快乐的“点子大王”

在职场上，我们很容易就能发现7号人格的人的身影，即在人员聚集的地方，那个侃侃而谈的人就是7号享乐型人格员工。他们总是能给周围的同事带来快乐，他们自己也沉浸在这种快乐中。当然，7号享乐型人格员工的表现远不止这些。

了解7号人格的特征

在我们身边总是活跃着这样一些员工：他们充满活力，看起来乐观向上，并时常自怜自满；他们兴趣广泛，总是不断追求新鲜的刺激；他们爱笑，总是能给他人带来快乐；他们似乎是天生的导游，对于什么地方好玩，什么地方有美食，什么地方买东西最合适，都了解得很清楚，如数家珍；他们喜欢探险……除此之外，7号享乐型人格的人还有以下几个特征：

1. 身体语言

7号享乐型人格的人的身体语言非常丰富，他们似乎充满能量，全身充满了运动细胞。

比如，他们开会时常常会有这样的表现：表面上看他们似乎是坐在座位上，但是他们的身体却在不停地晃动，右手还可能在转笔，脚尖可能在不断地抖动；有时他们还会和邻座的同事聊上几句；等等。

不过，这些小动作丝毫不会影响他们听会议的内容，并做笔记，他们似乎天生就有一心多用的本领。

2. 热情、乐观

除了脸上总是洋溢着笑容之外，7号享乐型人格员工待人还很热情，他们乐观积极地与同事和领导共事。在日常工作中，他们总是以一种活泼的姿态投入其中，他们会积极地参加所有会议，并热情洋溢地陈述自己的见解。

有时候，他们会不断扭动身体，表现出坐卧不安的情景，这往往表明他们对事情的担忧，或者还没有找到解决问题的思路。

他们的面部表情常常是其内心的反映，他们开心时常常开怀大笑，一遇到不开心的事就会马上表现在脸上，不过这种不开心通常不会持续太久，很快就会烟消云散。

3. 语言特征

7号享乐型人格员工的讲话方式常常会暴露其内心的所思所想，有时他们说出的话“语不惊人死不休”，主要是想以此引起领导的注意；有时他们说话显得尖酸、刻薄，还会表现出非常教条或者挑剔的一面，这很可能表明他们在完成任务的过程中遇到了难题。

7号人格的人的职业方向

一个人的职业定位主要是由他最主要的优势决定的。对于7号享乐型人格员工来说，他们的优势在于其精力充沛、思维的跳跃性、对新鲜事物的热忱以及超强的环境适应能力。

由此来看，适合他们的应该是一些规则不那么明确、工作任务处于不断变化中甚至没有任何规律可循的工作。企业管理者可以将7号享乐型人格的员工安置在那些需要有旺盛的精力、变化性很强的工作岗位上，让他们的创造力得到更好的发挥，这样的安排对企业和员工都有益处。

一般来说，最适合7号人格员工的职业是销售、公关、演员、探险家、鉴赏家、主持人、导游、教师、演说家等。

总之，那些凡是需要性格活跃、应变能力强、与人打交道密切的工作，对于7号人格员工来说都是首选。

7号人格的人的激励模式

7号人格的员工喜欢在一种充满活力的氛围中工作，他们常常通过不同的激励方式来激励团队其他成员保持工作效率，这也是许多管理者喜欢任命这类员工为领导者的原因，他们很容易带动人，激发整个团队的活力。

比如，管理者可以通过设置团队奖励的模式来激发7号人格员工在领导力上的优势，让他们将更多的时间用在提高其团队的工作效率上。

除此之外，管理者还可以向他们讲讲公司的前景，激发其内在的活力和激情，使他们能自发自动地工作。

拓展知识　领导7号人格员工的技巧

对于7号享乐型人格员工，管理者可以根据他们的特点采取合适的管理和沟通方法，这样才能使自己的管理更高效，也更人性化。

1．善用他们“开心果”的角色

7号享乐型人格的人常常扮演“开心果”的角色，有他们的地方就有欢声笑语。作为管理者，在开展工作的过程中，要善于运用7号享乐型人格员工这方面的优势。日常单调、重复的工作常常使团队工作氛围比较沉闷，这时管理者可以让7号人格员工承担团队建设或者企业文化宣传方面的任务，这样他们不仅能够发现工作的乐趣，还有助于构建和谐、轻松的工作氛围。

此外，在消除企业中不同部门之间的陌生感，提升企业文化在员工心中的融合度方面，他们也是很好的人选。

2．从快乐的角度激发他们的动力

当分配任务的时候，管理者要善于从快乐的角度去激发7号人格员工的动力，让他们感受到此项任务的乐趣和意义所在，他们一定会想办法尽全力去达成。相反，如果管理者让他们处于极大的压力和打击之下，那么他们很可能会失控，情绪不稳。管理者要对此有清醒的认识。

3．督促工作进度

7号人格员工喜欢同时做很多事情，他们对做事没有明确的规划，常常疏于管理时间，虽然很清楚怎么去完成工作，但总是容易被新的事物吸引，注意力容易被分散，所以他们总是拖延完成任务的时间。

为此，管理者要为7号人格的员工制订一个具体的任务完成计划，让他们对整个任务完成过程负责。

8号人格职业定位：权力至上的“领导者”

在一些关于职场的电影中，我们常常会看到这样的画面：一个作风硬朗的上级，霸道、强势，有着超强的执行力，在员工犯错的时候他会当面批评，丝毫不顾及对方的面子，但是他也可以是刚毅、正直的化身，喜欢锄强扶弱、打抱不平，尤其是“自己人”受到委屈之后。虽然他有时显得比较冲动，但是不可否认的是，他确实是一个极具领导魅力的领导者。

了解8号人格的特征

在职场上，8号控制型人格的人总是能轻易给别人留下深刻的印象，他们在为人处世方面显得很强势，做事时总是咄咄逼人，尽管如此，他们还是很容易得到别人的喜欢。

1. 身体语言

8号控制型人格的人的身体语言主要表现在以下几个方面：面部表情比较丰富，眼神、面貌看起来都颇具威严；通常声如洪钟，讲话方式简练，直接切题，常常打断别人的讲话；走起路来挺胸抬头，肢体活动的范围较大，说话时常伴随着一些手势，而且手势的幅度比较大；在衣着上，他们喜欢穿那些代表自己身份和力量的服装；气质属于比较霸气的类型；等等。

2. 关注正义，喜欢权力和控制

8号控制型人格的人绝对不允许自己的身边出现弱肉强食的现象，比如，若办公室里新来的实习生被欺负，他们绝对不会视若无睹，这是保护主义者的典型特征。而寻求控制就是他们渴望公正、正义的一种表现。

在工作和事业方面，他们表现出非常强烈的对权力的渴望。因为他们认为，如果自己获得了领导者的地位，就可以更好地帮助自己和他人，从而更好地维护正义。

3. 真实，喜欢展示自我

这是他们寻求信任的一种办法，他们认为，自己这样做能够了解人与人之间的很多未知信息，从而缩短彼此之间的心灵距离。但是他们可能忽略了一点，那就是，这样做的话，对方就不得不接受某种立场。

4. 具有进攻性

公开、从不掩饰、毫不控制地表达愤怒是8号控制型人格的人的典型反应，所以他们常常是生活中破坏气氛的人。他们总是无法控制自己的情绪，不分场合表达愤怒，也因此得罪了一些人。

其实，有时候，他们对你发火，并不是自己的本意，而是自己的本能，因为他们已经养成了这种看似有攻击性的情绪表达方式。

5. 迎难而上的领导者

越遇到难题，他们越能控制住场面和局势发展，最终脱颖而出。

8号人格的人的职业方向

从现代企业管理学的角度出发，员工只有从事最适合的职业才能快速成长，并获得成功。那么，对于8号控制型人格员工来说，什么样的职业规划最符合他们的职业定位呢？

从性格优势方面看，领导者职位似乎是为8号控制型人格员工量身定制的。充满竞争力及发展机会，以及能够掌控权力的岗位对他们有着极大的吸引力，能够满足他们做强者的要求。所以，领导者职位符合他们的职业定位，是他们职业的首选。

此外，8号控制型人格员工也非常适合从事销售工作，因为他们追求成功的愿望以及坚韧不拔的意志力，在开拓市场方面有着无与伦比的优势。他们的坚持和执着，可以做到“把鞋子卖给不穿鞋子的人”。他们就像是一个个披荆斩棘的开创者，总是善于攻坚克难。他们霸气、强势，有着极其坚强的意志力，恰恰在克服困难的过程中树立了自己的威信。

总之，企业内部关键的中层行政管理人员或者某部门的主管、分公司负责人等，都是适合8号控制型人格员工的职位。

8号人格的人的激励模式

对于8号人格员工，管理者要采用正确的激励方式，才能充分发挥他们的性格优势，挖掘出他们的潜力。

首先，对于8号控制型人格员工来说，最好的激励莫过于授权，充分放权，让他们发挥自己的领导魅力和才能，管理者可以从旁给予协助。但需要注意的是，要在企业内部建立公平公正的环境，这样才能获得他们的信任。因为8号人格员工要求公正，以及被尊重，只有在公平竞争的环境中，这种激励模式才能起作用。

其次，管理者要创造一个能发挥8号人格员工的领导才能的有一定竞争性的环境，这样才能激发出他们的活力和热情。具有开拓性的任务对他们来说是最合适不过的，能够充分体现出他们的价值和能力，因此可以说，把8号人格员工放在具有挑战性的岗位上，对他们来说是一种有效的激励方式。

最后，升职也是一种很好的激励手段，这种方式对于8号人格员工有着极为特殊的意义，意味着对他们的能力和领导者地位的肯定。所以，与加薪相比，升职对他们有着更大的吸引力，对他们的激励意义也更大。

拓展知识 领导8号人格员工的技巧

对于8号人格员工，管理者可以根据他们的特点，采取恰当的管理方式。以下几个管理技巧，管理者不妨借鉴一下。

1．不过多干涉他们的工作

8号人格员工常常很有主见，他们在工作中常常积极主动，希望能完全掌控自己的工作。根据这个特点，管理者应该注意，尽量减少对他们工作的干涉，给予他们充分的自由，让他们放开手脚，这样他们反而会取得更大的成就。

2．言简意赅

8号人格的人不喜欢弯弯绕绕、拖拖拉拉，他们喜欢直来直去。所以，在与他们沟通的过程中，管理者应尽量做到指令明确，言简意赅。

3．对待员工要公平

8号人格员工“爱打抱不平”的天性，让他们难以容忍那些不公平的事情，一旦遇到或发现这种事情，他们往往会挺身而出。这时，他们不会顾及领导的尊严，也就是说，他们不畏权威。所以，管理者最好能做到对待所有员工都公事公办，当与其他员工产生矛盾的时候，要多听听8号人格员工的建议，从而取得他们的信任。

9号人格职业定位：团队融洽氛围的“润滑剂”

在职场中，我们会发现这样一类人：他们是生活中矛盾的调停者，他们适合比较和谐的工作环境，而不适应剧变的环境。在工作中，他们最大的愿望就是希望身边的同事、领导能够和谐相处，当他们发现公司内部出现矛盾的时候，总是扮演和事佬的角色。这就是9号人格员工的典型特征。

了解9号人格的特征

在九型人格里，9号人格被称为和平型人格。9号人格的人的世界观通常是“忍一时风平浪静，退一步海阔天空”。由于9号人格员工讨厌环境的变化，愿意待在一个熟悉的环境里，所以他们常常是企业稳定的基石。

一般来说，9号人格员工具有以下特征：

1. 外部特征

9号人格员工通常脸色温和，笑容很少，看起来木然呆滞；喜欢穿让自己感觉舒适的衣着；走起路来慢吞吞的，动作温和，不会有什么极端的举动；平时一副慵懒、无所事事的样子；动作非常缓慢，看起来没有活力，对他人不会表现出敌意，有时给人一种冷漠且倔强的感觉。

2. 语言特征

他们说话很轻、很慢，总是能照顾到他人的情绪和感受，一般不会与他人发生冲突、争吵。他们常常说的话就是“我无所谓，你拿主意吧”“我都可以，你说了算”等。他们在言语上总是很温和，很少去侵犯别人。

3. 愿意顺从别人而压抑自己

在人际交往中，假如9号人格员工遇到冲突，他们往往会选择压抑自己、调整自己以维持表面的和平。他们认为，冲突不能解决任何问题，反而会带来新的问题，所以他们更愿意选择妥协。

4. 甘于现状

9号人格员工通常满足于现状，他们不会去争名夺利，不爱出风头，也不愿意去邀功。在工作中，当其他员工都在积极进取的时候，他们却宽慰自己：“现在这样就挺好的，何必去争来争去的呢？”

5. 情绪稳定

9号人格员工很少做出冲动的事情，他们容易相处，给人一种平和的感觉，成为人们情绪稳定的中枢。他们是值得信赖的人，即使和难以相处的人也能愉快交往。他们很少发脾气，能给别人送去喜乐，能带给人自由、放松的感觉。

9号人格的人的职业方向

在九型人格中，9号人格员工的性格是最温和的，他们经常与其他员工保持良好的人际沟通，尽量避免与他人发生冲突。他们不会与上司对抗，即使是自己不喜欢的工作也会承揽下来，在任务上肯妥协，并且不会提出过分的要求。另外，他们的情商和创作智商通常优于常人，这都是他们性格上的优势。

因此，对于9号人格员工来说，最适合他们的职业定位应是一些协调性的工作。比如，公司内部涉及项目协调之类的工作，就非常适合他们去完成。再比如，一些公共部门的协调工作也适合他们去做，他们工作起来往往会得心应手。

此外，9号人格员工虽然看起来懒散、无主见，但是他们身上所表现出来的民主和尊重他人的态度使得他们在人群中会受到一定程度的欢迎，所以他们在领导岗位上的竞争也会具有一定的优势。

9号人格的人的激励模式

对于9号人格员工，管理者不宜用太大的目标或者所谓的宏伟目标去激励他们，这只会让他们觉得这样的目标过于遥远，不切实际。所以，“小步快跑”的激励模式无疑是一种有效的方式。采用“分阶段目标设定”的激励方式，可以让他们分阶段有效地完成一个个相对容易的任务，这对他们是一种有效的激励模式。

此外，9号人格员工喜欢被权威人士领导，也喜欢和他们交流。所以，可以安排权威人士去领导和支持他们，并让权威人士挖掘出他们的需求，充分利用他们的智慧，帮助他们实现阶段性的突破。

拓展知识　领导9号人格员工的技巧

在用人方面，采取何种管理方式来让9号人格员工保持高效的工作状态，是对企业管理者领导能力的考验，而且这对于企业提升运营效率也具有十分重要的作用。

在管理9号人格员工的时候，管理者需注意以下两个方面：

1．不要表现得不耐烦

管理者要注意自己对待9号人格员工的态度。如果一看到他们做事慢吞吞就表现出不耐烦，那么他们会在心里永远排斥你。所以，对9号人格员工保持态度上的认可，对他们来说本身就是一种很好的鼓舞。

2．强调时间观念

9号人格员工活得通透，有智慧，能够活在当下，也懂得放松自己，没有什么需求和欲望。正因为如此，他们才没有时间观念，工作时不紧不慢，总是拖拖拉拉。

对于这点，管理者可以采用两种方法来管理：一是和他们沟通，让他们意识到，所有员工的工作是一条流水线，自己作为其中的一员，如果没有按时完成任务，很可能会影响其他同事的工作，甚至影响整个团队的工作进展；二是采取提前完成的奖励模式或者设定完成的时间，这样他们就能在规定的时间内完成工作了。

第三章

人尽其才，为每个员工定好“角色”

人无完人，每一个员工都有不同于他人的特点和长处，管理者要根据这些特点，为他们定好“角色”，帮助员工扬长避短，发挥自己的最大潜能。这也就是说，管理者在用人的过程中，一定要通过一些有效的方法做到知人善任，使每一个员工都能人尽其才、才尽其用，这样才能利用有效的人才资源创造出最大的经济效益。

运用职位分析法，找准员工的优势

在现代企业中，职责重叠、权限不明，职业化管理队伍稀缺，人力资源管理缺乏理性基础和技术平台等问题十分突出，从而造成“人人负责，人人无责”“机构臃肿，人浮于事”等现象普遍存在，出现这种现象主要是因为管理者和普通员工普遍缺乏职业素养。正确应用职位分析法，对这些管理困境的突破可以起到事半功倍的效果。

企业要想提高效益，首先要提高全体员工的工作效率，而这需要将合适的人放在合适的岗位上，让他们做自己最擅长的工作，这样工作效率才会更高。职位分析法可以帮助管理者分析每个员工的优势，让他们在各自擅长的领域发挥所长。

职位分析主要是以组织中的职位以及任职者为研究对象，它所收集、分析、形成的信息及数据将为企业的人力资源管理体系的建立提供理性基础。此外，通过职位分析，可以从整体上协调组织中员工不同角色之间的关系，从而避免工作重叠、劳动重复，并提高个人和整个部门的工作效率和和谐性。

从管理的角度来说，职位分析通常研究七个问题，归纳起来叫作

“6w1h”，其中，“6w”包括做什么（what）、为什么（why）、谁来做（who）、什么时候做（when）、在哪里（where）、为谁（for whom），“1h”指的是如何做（how）。

职位分析的主要内容

职位分析主要包括四个方面的内容，分别是工作名称分析、工作描述分析、工作环境分析和任职资格分析。

工作名称分析主要是正确描述该职位在组织中的位置和功能特征。

工作描述分析的目的是全面地认识工作，主要从工作任务、工作责权、工作关系和工作强度这几个方面进行分析。

工作环境分析主要是为了确认工作的条件和环境，包括分析工作的物理环境、安全环境和社会环境。

任职资格分析可以确认工作执行人员的最低任职资格条件，包括对必备知识、必备经验、必备能力和必备心理素质的分析。

职位分析的步骤

一般来说，职位分析大致可以分为五个阶段，即计划阶段、信息收集阶段、信息处理阶段、结果表达阶段、反馈修整阶段。

1. 计划阶段

这是职位分析的第一个阶段。在这个阶段，应明确职位分析的目的和意义、方法和步骤；确定职位分析的方法；限定职位分析的范围，并选择一些具有代表性的职位作为样本；确定参与职位分析的人员名单，明确职位分析的步骤，制订详尽的实施时间表；编写“职位分析计划”和制作职位说明书模板，并做好针对相关人员的宣传工作。在职位计划书获准后，就可以着手组建职位分析小组，进入职位分析的设计阶段了。

2. 信息收集阶段

在进行职位分析时，需要收集以下信息：工作内容、工作职责、有关工作的相关知识、精神方面的机能、灵巧的程度、经验、相适应的年龄、从事此项工作所要求的教育程度、技能的培养要求、与其他工作的关系、劳动强度、作业环境、作业对身体的影响，以及一些特殊心理品质要求等。

3. 信息处理阶段

在这个阶段，要将上个阶段收集来的信息进行统计、分析、研究、归类，并参照企业以前以及同行业其他企业相同职位的相关职位分析的资料，以提高信息分析的可靠性。

一般来说，需要处理的内容有：职位的基本信息、工作活动、工作程序、工作环境以及员工的任职资格、生理素质和综合素质。

4. 结果表达阶段

结果表达阶段的主要任务是编写职位说明书和制作职位规范模板，并根据信息处理的结果，在职位说明书和职位规范模板中，将所需信息填写完整。

5. 反馈修整阶段

将填写完整的职位说明书和职位规范模板分发到各个岗位的任职者手中，收集他们的反馈意见，并召开专家会议，听取专家的意见。最后，综合各方面的意见，对职位说明书和职位规范模板进行修整。

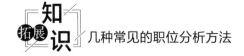

拓展知识 几种常见的职位分析方法

我们常见的职位分析方法有以下几种：

1．观察法

这种方法主要针对体力劳动者和事务性工作者，如搬运工、操作员、文秘等岗位人员。由于观察对象的工作周期和工作突发性有所不同，所以据此可以将观察法分为直接观察法、阶段观察法和工作表演法。

前面两种比较好理解，这里着重说一下工作表演法。这种方法适用于工作周期较长、突发性事件较多的工作，比如保安，除了按照正常的工作程序工作以外，他们还要处理一些突发事件，如盘问可疑人员等。在利用观察法的时候，职位分析人员可以让保安人员表演一下盘问的过程，据此对该项工作进行观察。

2．问卷调查法

这种方法适用于脑力工作者、管理岗位工作者或者工作不确定因素很多的员工，如软件设计人员、行政经理等。此法比观察法便于统计和分析。运用此法时需要注意，调查问卷的设计直接关系着问卷调查的成败，因此问卷一定要设计得完整、科学、合理。国外比较著名的调查问卷有职位分析调查问卷PAQ和阈值特质分析方法TTA。

3．面谈法

面谈法就是通过职位分析人员与员工面对面地交流来收集职位信息资料的方法。这种方法适用于脑力劳动者，如开发人员、设计人员、高层管理人员等。

除了上面三种方法，还可以通过其他方法进行职位分析，如参与法、典型事件法、工作日志法、材料分析法和专家谈论法等。

知人善用，将人才放在合适的位置

如果把一只鸟关在笼子里，鸟就会因为失去飞翔的机会而慢慢丧失特有的活力。人也是如此，每一个员工都有其特定的能力和擅长的领域，管理者要据此安排员工的工作。相反，如果将员工放错了位置，不仅会导致既定目标无法实现，还会让员工心生不满，以致工作效率低下，这对于企业的人力和资源来说，也是一种巨大的浪费。比如，让适合做销售的人去做文员的工作，让适合做管理的员工去做一名普通的职员，都不能完全发挥其潜能，结果就会造成人才的浪费。

拥有人才并将人才的能力发挥到极致，这是现代企业在激烈的市场竞争中获胜的法宝。“钢铁大王”卡内基成功的一个重要因素就在于他善于识人、用人。他曾说：“我不懂得钢铁，但我懂得钢铁制造者的特性和思想，我知道怎样去为一项工作选择最合适的人选。”美国通用电气公司原总裁杰克·韦尔奇也说过类似的话：“我的全部工作便是选择最适当的人选。最适合的人选就是最佳人选。”

事实上，一个企业能否取得成功，主要取决于它能否进行人力资源的有效开发，能否将所有员工的能量都释放出来，从而实现企业利润的几何倍增。很多时候，一个管理者的才干并不在于他能够将业务做得多么好，而在于他能否在企业的发展目标和员工的个人素质之间找到最佳结合点，使员工发挥出最大的潜能。

因此，管理者最需要做的事情就是将每一个员工都安置在最佳位置，让他们充分发挥自己的聪明才智。

对此，著名管理学大师德鲁克认为，管理者要想进行有效的人员晋升和人员配备工作，可以遵循以下几个简单而又重要的步骤：

1. 弄清任命的核心问题

任命之前，首先要弄清任命的原因和目标，然后物色最佳人选。比如，管理者要任用一位新的地区营销主管，首先就要弄清这项任命的核心：要录用并培训新的营销人员，是因为现在的营销人员都已接近退休年龄，还是因为公司虽然在原先的行业做得不错，但是想要开辟新的市场，尝试着渗透到正在发展的新市场？或者是公司大量的销售收入都是来自多年如常的老产品，所以要为新产品打开市场？管理者可以根据这些不同的任命目标，来任用不同类型的人。

德鲁克同时强调，职位应该是客观设定的，而且只能因任务而定，不能因人而定。这是因为，如果因人设岗，那么组织中任何一个职位的变更，都会产生一连串的连锁反应。组织中的职位往往是相互关联的，很容易出现“牵一发而动全身”的现象。他认为，只有这样，管理者才能为组织选用所需要的人才。也只有这样，企业才能容忍不同的人的脾气和个性。只有容忍了这些差异，内部关系才能保持以“任务”为中心，而不是以“人”为中心。

2. 确定一定数量的候选人

之所以说确定“一定数量”的候选人，是因为正式的合格者只是考虑对象中的极少数；如果没有一定数量的考虑对象，可供选择的人选范围就很有限，那么确定适合人选的难度就会很大。所以，要做出有效的用人决策，管理者就要着眼于至少3～5名合格的候选人。

3. 用人要根据员工的爱好和专长

古语云："闻道有先后，术业有专攻。"这是一个亘古不变的真理。假如我们让瓦匠去做木匠的活儿，让木匠去做瓦匠的活儿，那么最后，不仅导致工作效率低下，而且还会把事情做得一塌糊涂。每一个员工都有自己的专长，企业管理者要做的就是量才适用，根据不同员工的不同素质给他们安排相应的工作岗位。

另外，管理者在做这些的时候，还要充分考虑人与人之间性格、气质、兴趣和专业等之间的差距，这样才能最大限度地挖掘出每一个员工的优点，激发出他们最大的潜能。

4. 倾听他人的看法

管理者个人的判断能力与经过多人广泛讨论后的判断能力，存在着很大的差别，因为每一个人都会给他人留下第一印象，使他人存在亲疏、好恶等偏见，所以管理者需要倾听他人的看法。很多比较成功的企业都将这种广泛的讨论作为选拔程序中的一个正式步骤。

拓展知识 "搬起石头砸自己的脚"：错误用人策略带来的不良影响

全球知名的跨国公司Power Integrations（以下简称PI公司）按照行业标杆在中国的一些名牌大学招聘过一批见习经理，他们对这些人寄予厚望，希望这些人日后能成为公司在中国的骨干力量。这些骨干经理进入公司后果然表现得非常出色，一年后他们都交出了令人满意的答卷，这证明了他们足以胜任自己的岗位。

后来，当初负责招聘和管理这批见习经理的人在公司内部的明争暗斗中失势，再加上PI公司在中国的发展不太顺利，新的负责人希望这些人能从基层干起，不要期望能在短期内得到晋升。但是这些见习经理认为，让他们从基层做起，就是大材小用，根本不能体现和发挥自己的能力。

结果，这个新政策推行半年后，仅剩两个人还愿意留在PI工作，其他人都已经离职。更糟糕的是，十年后，这批人中的大多数已经成为其他公司的总监和管理者，甚至有人成了PI公司的直接竞争对手。

扬长避短，用人要用其一技之长

清代著名诗人顾嗣协写了一首《杂兴》，全诗如下：“骏马能历险，力田不如牛。坚车能载重，渡河不如舟。舍长以就短，智者难为谋。生材贵适用，慎勿多苛求。”这首诗道出了用人的一个策略，那就是用当其才，如果用错地方，人才也可能变成庸才。

无独有偶，在如何选人、用人问题上，《资治通鉴·卷一》中司马光用浅显易懂的语句打了一个生动形象的比方，他说，那些具有高尚道德和最高智慧的人用人，就像工匠和木材一样，取它有用的部分，抛弃无用的部分。所以像杞柳和梓树这样的木材，如果树围有几抱大，即使有几尺长都朽烂了，有技艺的工匠也不会抛弃它。

常言道：“金无足赤，人无完人。”即使是圣贤之士、名家要人，也难免有缺点。这就提醒我们，在用人时，要善于扬长避短。

然而，在一些企业里，出类拔萃的人才比比皆是，一些领导却对此视而不见、充耳不闻，还总是对外说“我们单位缺乏人才”，导致楚才晋用，真正的人才受到冷落，不适合的人却鸠占鹊巢。正所谓“让鲁智深去绣花，让林妹妹去疆场”，结果可想而知。

因此，用人的决策，在于如何发挥人的长处，而不是如何减少人的缺点。这个世界上没有完美的员工，即使是天才，也只是尽其所能在一个领域达到顶峰，但不可能在很多领域都达到专家级别。永远没有万能之才，只有有一技之长的人才，忽略了这一点，而求其万能，这样的管理者就不是合格的管理者。

总之，企业在用人时只能找到适合某一工作的人，也就是了解他最擅长做的是什么，并将其安排在合适的岗位上发挥所长。

曾经有一位管理者对公司内部所有的员工进行了性格测试，按照测试的结果，将他们安排在与各自性格相适合的岗位上，结果每一个人都发挥了自己的长处，而且他还利用员工的“短处”为企业做出了很大的贡献。比如，他让比较挑剔的员工去做质检员；让好胜心强的员工去抓生产；让喜欢夸耀自己的人去搞公关，专攻市场；等等。结果，取得了人尽其才的最大效果。

有人说，管理是一门艺术，企业的管理者就像是一个艺术家。如果把员工比作花朵，那么管理者就是描绘“花朵”的艺术家，他要从各个角度来进行描绘，将“花朵”的美丽发挥到极致。这里的“美丽”指的是员工的长处。让员工的长处和合适的职位相匹配，既发挥了员工的专长，又能让企业获益，何乐而不为?

用人最讲究“用人如器”。其实，每个人都是人才，能否起到应有的作用，关键要看领导怎么择才而用。

对此，美国管理专家彼得·德鲁克总结得出以下结论：

1. 进行合理的职位设计

企业管理者在设计职位的时候，一定要十分谨慎，不要设计出一些不可能完成的任务或者任何人都无法胜任的职位。如果连续两三个人都感觉无法胜任一个职位，而这些人在以往的经历中都曾有良好的表现，那么就应该重新审视这个职位设计的合理性，如果不合理，就要重新设计。

2. 要符合三个“确保”

一是确保每个职位既有很高的工作要求，又有较为宽广的工作范围；二是确保所设计的职位有一定的挑战性，能使员工充分发挥自己的优势和长处；三是确保所设计的职位能够为员工提供足够的表现空间，使员工能将自己与工作任务相关的优势转化为重大的成果。

3. 着重考虑员工的优势

管理者在用人时，绝不能只看到职位的要求，而是应该考虑被任用者都有什么长处。也就是说，在决定将某个员工放置在某个岗位之前，管理者应该十分清楚这个人的优势，并对此进行充分、周详的考虑，而且考虑时不能只局限于这一个职位。

拓展知识 李嘉诚的用人之道

在人才的任用上，李嘉诚风趣地说：“大部分的人都会有长处和短处，好像大象的食量以斗计，蚂蚁一小勺便足够。各尽所能，各取所需，以量才而用为原则。又像一部机器，假如主要的机件需要500匹马力去发动，而其中的一个附件只需要半匹马力去发动，虽然半匹马力与500匹相比小得多，但也能发挥其一部分的作用。”

有人曾说，在李嘉诚庞大的商业帝国中，只要是人才，在企业中就有他的用武之地。显然，李嘉诚和他的领导团队都明白这个道理。

李嘉诚说，和战场中一样，每个战斗单位都有它的作用，而主帅对每一种武器的操作并不一定比士兵熟练，但是最重要的是主帅十分清楚每种武器及每个部队所能发挥的作用。而且，也只有这样，主帅才能掌控全局，做出出色的统筹并指挥下属，使每一个士兵都发挥出自身的优势，并取得良好的效果。

在长江实业集团内部，李嘉诚彻底摒弃了家族式管理模式，完全按照现代企业管理模式管理。除此之外，他还善于搭建科学高效、结构合理的企业领导班子。李嘉诚深知，企业在发展的不同阶段，会有不同的管理和人才需求，企业只有通过相应的模式来运作，才能实现突飞猛进，否则很容易被淘汰出局。

在李嘉诚组建的高层领导班子里，各方面的人才都十分齐全，曾有人对此这样评价：“这个领导班子既结合了老、中、青的优点，又兼具了中西方的色彩，这种安排形成一个行之有效的合作模式。”

打破“帕金森定律”，敢于任用比自己强的人

春秋战国时期，有一位著名的军事家叫鬼谷子，他对排兵布阵、调兵遣将得心应手，如有神助。

鬼谷子有两个得意门生，一个是庞涓，一个是孙膑。庞涓出师不久，由于极具军事才能，就被魏国任命为大将军，为魏国效力。

后来，师弟孙膑去投奔庞涓，庞涓发现，师弟的才能并不在自己之下，他心生妒忌，担心孙膑夺走他的大将军之职，于是不但不予以重用，而且想方设法陷害孙膑。他暗使部下剔去孙膑的膝骨，把孙膑变成一个废人。

没想到，孙膑后来用计逃出了魏国，他来到齐国，协助齐国大将军田忌打败了魏军，杀了庞涓。

庞涓因心胸狭窄，不敢任用比自己能力强的师弟孙膑，致使孙膑成了自己的对手，结果官没保住，还赔上了自己的性命。

事实上，许多事实都证明，只有敢于任用比自己强的人才能干成一番大事业。

汉高祖刘邦说：“夫运筹帷幄之中，决胜千里之外，吾不如子房（即张

良）；镇国家，抚百姓，给馈饷，不绝粮道，吾不如萧何；连百万之军，战必胜，攻必取，吾不如韩信。此三者，皆人杰也，吾能用之，此吾所以取天下也。”

刘邦的话发人深思。单以才智而论，他身边有很多杰出的人才。而刘邦能以平凡的才能建立一个王朝，并且该王朝统治广大的中国达几百年之久，他能创建如此丰功伟绩的最大秘诀就是敢于并且善于任用比自己强的人。

在现代，那些成功的企业管理者同样十分重视人才的价值，苹果公司创始人乔布斯曾在一次讲话中说：“我过去常常认为一位出色的人才能顶两名平庸的员工，现在我认为能顶50名。”很快，该理论就风靡西方管理界，“一位出色的人才能顶50名平庸的员工”被称为“乔布斯法则一”。在乔布斯看来，身份和地位等因素，不会成为他招纳一流人才的障碍。

同样，美国“钢铁大王”卡内基也是一个敢用强者的好手，他曾说过这样一句话：“你可以把我的所有工厂、设备、市场和资金全部夺走，但是只要你保留我的机构和人才，几年以后，我还是钢铁大王！”在他去世后，人们在他的墓碑上刻上了这样一句话：“这里安葬着一个人，他最擅长的能力是，把那些强过自己的人，组织到他服务的管理机构之中。”

由此可见，在当今这个知识经济时代，企业管理者更要有敢于和善于任用强者的胆量和能力。

帕金森定律

在心理学上，有一个著名的定律，它就是英国著名历史学家诺斯古德·帕金森提出的“帕金森定律”。

1958年，帕金森出版了《帕金森定律》一书。在书中，帕金森阐述了一个机构臃肿膨胀的原因及后果，并指出了不称职官员的三条出路：“一是申请退职，把位子让给能干的人；二是让一位能干的人来协助自己工作；三是任用两个水平比自己更低的人当助手。”

对于这三种做法，帕金森认为，第一条路是大多数官员不愿意走的，因为那样做会使他们丧失很多权力，他们是不会轻易交出手中的权力的；第二条路他们也不愿意走，因为那个能干的人很可能会成为自己的对手，阻碍自己的发展；第三条路似乎是最适宜的，所以大多数官员会选择这条道路。选择第三条道路往往会出现让官员满意的结果：上司高高在上发号施令，两个平庸的助手分担了上司的大部分工作，而不会对上司的地位和权力构成威胁。

然而，这种做法却会导致不良后果的出现：两个助手有些“无能”，当他们没有办法完成上司交代的任务的时候，他们就会上行下效，为自己找两个更加无能的下属来完成工作。如此下去，渐渐地，就形成了一个机构臃肿、人浮于事、互相推诿、效率低下的管理状态。

以上就是“帕金森定律”的核心内容，它最初被人们用来解释官场中的各色现象，后来又被用作解释职场中的种种现象，因为这个定律能够很好地解释行政权力扩张所引发的效率低下的官场和职场传染病。

“武大郎”型心态要不得

在现实生活中，如果你问一位领导者：“你是否愿意任用比你更优秀的人？”相信每一位领导者都会回答：“愿意。”但是事实并非如此，很多人都希望雇佣比自己能力差的人。

通常，他们这样做的深层次心理原因无非有以下四种：第一，下属比自己强就意味着自己不称职，这就会使自己在员工心中的威信一落千丈，甚至没有威信，这当然是管理者不希望出现的结果。第二，如果下属的能力比自己强，那么很可能会对自己的地位造成威胁，下属或早或晚都想取而代之，那么自己何苦要养虎为患呢？第三，能力强的人往往野心也大，他迟早要自立门户，自己为什么要给他提供发展的机会，让他成为未来职场上的劲敌呢？第四，想要维护自己的地位，认为“公司里，天是老大，我就是老二”，不能让能力强的下属抢了自己的风头。

有一句歇后语叫作“武大郎开店——不允许伙计胜过自己”，其实，管理者总是任用平庸之辈的心态就是这种“武大郎”型的心态。在这种心态的支配下，许多管理者都喜欢别人拿放大镜看自己，而自己则喜欢拿显微镜来看别人。当下属的工作得到各部门的赞许和支持的时候，管理者就会认为下属是在树立自己的权威而且在动摇管理者的最高权力。于是，管理者就会有意无意地疏远那些下属，甚至压制他们，这些做法严重挫伤了这些员工的积极性。

说到底，这种“武大郎”型的心态是一种弱者的心态，他们的外表虽然强硬，内心却是极其脆弱的，这从侧面反映了管理者极度缺乏自信心。事实上，真正的强者，拥有足够的自信，他们可以接纳并欢迎能力比自己强的下属。他们之所以能这么做，是因为他们相信自己能够控制局面，他们的关注点并不在于下属对自己是否顺从，他们有能力赢得所有员工的尊敬，在很大程度上他们看重的是员工的才能，关注点是企业发展的大计。

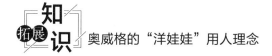

拓展知识　奥威格的“洋娃娃”用人理念

对于用人，广告大师奥威格说过这样一句话：“用人的最大失误就是没有任用比自己高明的人。”

为了诠释这一观点，有一天，奥威格在每一个董事的椅子上都放了一个洋娃娃，并请他们打开看。大家打开洋娃娃以后，发现里面还有一个小的洋娃娃，打开这个小洋娃娃之后，他们发现里面有一个更小的洋娃娃，当打开到最小的洋娃娃时，他们看到上面有一张奥威格写的字条："如果你永远聘用不如你的人，我们的公司就会成为侏儒公司。"

显然，奥威格想要通过这种方式告诉所有的管理者，如果管理者总是任用比自己能力差的人，那么久而久之，公司将成为一个经不起风吹雨打的脆弱的侏儒公司。反之，如果管理者一直聘用比自己能力强的人，那么，公司就会逐渐发展壮大，成为一个强大的巨人公司。

朽木犹可雕，区别对待不同类型的员工

在企业里，每个员工的能力和素质是不同的。比如，有的员工口齿伶俐，语言表达能力非常强；有的员工文笔流畅，擅长写作；有的员工心思非常缜密，极其细微的疏漏和不足都逃不过他的眼睛；有的员工善于人际交往，公关能力比较强；等等。

因此，管理者要将每一个员工都看作可造之才，发挥他们的优势，这样员工才能在自己擅长的岗位上做出不平凡的贡献。

通用电气集团前CEO（首席执行官）韦尔奇说过这样的话：“现代科学管理必须善于区分具有不同才能和素质的人。世界上只有混乱的管理，绝没有无用的人才。”对于管理和用人，韦尔奇有自己的心得体会和经验。

1. 摒弃“朽木不可雕”的观点

管理者必须摒弃“朽木不可雕”的观点，因为人们很容易给别人贴上“朽木”的标签，而不考虑其他方面。不管哪家企业总会有一些人被认为“朽木不可雕也”，然后被“打入冷宫”，备受冷落。这些人中，有的人确实是让人“恨铁不成钢”，不得不如此对待他。然而，也有不少人是因管理者的个人好恶或者轻率的判断而被迫“坐冷板凳”。只要不带成见地去看待

每一个员工，管理者就会发现即使一个看起来一无是处的员工也有值得重用的能力或者特点。

2. 不要被员工身上的“标签”左右

有的员工常常被别人贴上“标签”，比如“爱八卦”“经常迟到”“不合群”“严肃”等。管理者在任用员工的时候，不要受这些负面标签影响，而要有针对性地用人之长。

有一位以善于培育人才著称的“带人名将”，他经常说的一句话就是“我绝不放弃那种被别人贴上标签的人”，他的部门中全是被贴上“劣等生”标签的人，在他的有效管理之下，大多数人都能够以饱满的战斗力投入工作。

以被贴上“经常迟到”标签的员工为例，这位“带人名将”认为一定有什么理由会让这个员工觉得迟到是一件无所谓的事情，而针对这个行为来改正员工的行为，是自己作为管理者的职责。于是，他就让那个经常迟到的员工负责记录晨间经理会议的内容，这个会议是一个非常重要的会议，能参加这种级别的会议，对他来说也是一种激励和鼓舞。结果，这个员工迟到的次数减少了一半，而且变得比以前更加愿意接纳他人的建议。

再比如，对于那些经常抱怨公司政策和经理指示的“公司内部评论家”型的员工，这位“带人名将”会赋予他们一定的权限，给他们配备一名助理，然后丢给他们一个案子让他们处理。这样做的理由是，如果冷落这种伶牙俐齿的“评论家”型员工，就会使他们生出反抗之心，倒不如赋予他们一定的重任。结果显示，他们中60%～70%的人能够重新振作起来。而其余那些依然一事无成或者不守常规的少数人，则或许适合担任监督者的角色。

因此，作为管理者，在用人的时候应该秉持“天生我材必有用”“或许是良材”的观点。即使有的管理者自恃能很快看出下属的能力极限，但是事实上他们错看的可能性也不低。

3. 以“协助下属发挥潜能”为立场

在人才济济的公司或者部门，领导者大多不愿意将心思花在照顾那些没有达到公司标准的人上。他们或许认为，如果自己的部门没有那种需要指导的人，那么自己就可以将时间和精力用在进行经营的长远规划上。可是，放眼四周，真正符合这种条件的公司屈指可数，即使在一流公司，也会有不少尚未发掘的可造之才。

一些管理者常常抱怨员工：“现在的年轻人，和他们说什么都不听……”这种抱怨说明管理者多半把注意力放在如何纠正下属的缺点上面，如果他能站在“协助下属发挥潜能”的立场来考虑问题，并及时给出自己的建议，那么下属就能感受到领导的关切心意，从而自觉、主动地听从领导的指示。不管是对新员工还是对资深职员，都是一样的。这是因为，没有这样的观念是很难培育出优秀人才的。

拓展知识　韦尔奇的“360度评估法”“活力曲线”

韦尔奇说：“在制造行业，我们力图体现出自己的差别，而对于人来说，差别就是一切。”然而，区别并不容易找到。采用什么样的方法才能将一个公司的不同员工区分开来呢？

韦尔奇曾经尝试使用“360度评估法”来区分不同能力的员工，用同级和下级员工的意见来对员工的能力进行评估、区分。一开始，这种方法确实能起到一定的作用，帮助公司找出那些害群之马。不过，时间一长，人们就开始互相说好话，所以每个人都得到了很好的评级。

随后，韦尔奇发现了一种被他称为“活力曲线”的方法。每年，韦尔奇都要求每一家GE公司对他们的高层管理者进行分类排序，强迫领导者对自己的团队进行区分，必须区分出：在他们的组织中，哪些人属于最好的20%（A类员工），哪些人属于中间大头的70%（B类员工），哪些人属于最差的10%（C类员工）。

比如，一个管理团队有20个人，那么就要知道最好的20%的4名员工和最差的10%的2名员工的基本情况，包括姓名、职位和薪金待遇。

活力曲线需要奖励制度来支持，包括提高工资，给予股票期权和职务晋升。A类员工得到的奖励通常是B类员工的2～3倍；对于B类员工，应认可他们为公司所做出的贡献，并提高工资；至于C类员工，则什么奖励也得不到。每一次评比结束后，公司都会给予A类员工大量的股票期权，60%～70%的B类员工也能得到股票期权。

用人要谨慎，宜忌需分明

前面讲过，管理者要知人善任，应根据员工的个性、特长、能力和工作经验等方面的差别，将其安排在合适的岗位。只有这样，企业内部才能形成稳定的人才结构，也才能使每一个员工人尽其才，各尽所能，从而使企业持续高效地运转。

那么，如何才能实现这样的目标呢？首先，管理者要明确，绝对的人岗匹配是不可能实现的。所以应该允许员工在相应的岗位上不断协调适应，自主提升，通过实践锻炼发挥自己的聪明才智，从而各得其所。更何况，岗位会随着客观情况不断发生变化，在不同时期、不同任务的情况下，岗位的职责也不是一成不变的，而人的才能也在不断发生变化。管理者只有动态地实行能量（级）对应，才能创造出最佳的管理效能。

在用人过程中，管理者要明白其中的宜忌。

1. 对于年轻人宜大胆任用

对于刚踏入社会的年轻人，可以适当给他们安排具有一定难度的工作，大胆地放手让他们去开展工作，充分施展自己的才华。虽然他们在工作中不可避免会出现一些问题，但是作为领导者千万不要对其一味指责，因为那样会大大挫伤他们的自信心和对工作的积极性。只有让他们在实践中不断锻炼，他们才能真正成长起来，工作起来才会得心应手。

2. 对于有经验者宜安排难度稍大的工作

对于有一定经验的下属，对轻易就能完成或者反复进行的工作已经没有多少兴趣，所以管理者应该将难度稍稍大于其能力的工作交给他们，在安排工作的时候，最好只提任务，不涉及方法和细节。这样一来，他们就感受到了压力，从而开动脑筋，积极思考完成的方法和策略，用坚强的毅力帮助其完成。一旦获得成功，他们将获得更大的喜悦和成就感。

3. 对于勤于思考的下属宜重用

勤于思考的下属往往心思缜密，在考虑问题的时候常常考虑到方方面面可能会出现的情况和结果，而且他们通常有责任感，会自我反省，还善于总结各种经验、教训，这使得他们的工作越做越好。虽然有时候他们显得有点优柔寡断，但这正是负责任的表现。所以，领导可以对其委以重任，放心地把任务交给他们完成。

4. 忌重用偏激的下属

如果思想过于偏激，很难成就大事。思想过激的人往往缺乏理智，容易冲动。他们做事的时候总是使事情走向某一个极端，等受阻或者失败的时候，又将事情引到另一个极端，这样永远也无法达到最佳状态，当然不可能成就大事。

因此，对于这样的人，最好不要重用，以免他们把事情搞砸。

5. 忌重用气量偏小的下属

嫉妒是人的一种正常生理现象，有时它可以转化为前进的动力，这是其积极的一面。但是如果嫉妒心太强的话，就会很容易产生怨恨，认为有的人就是自己前进道路上的最大障碍，甚至会做出一些过激行为。这样的人很容易把事情搞砸，所以领导者最好不要把一些重要的任务交给他们。

6. 忌信任那些轻易许诺的下属

如果没有十足的把握，人们通常不会轻易评判某件事情的成功与否，不会轻易许诺。因为事情往往不会按照人的意志来发展，各种难以预料的情况随时都可能发生，所以一个负责任的人是不会轻易下结论或许诺的。

然而，有这样一类人，他们总是轻易答应别人做某事，结果却不能完成，之后，他们又会以各种借口来推诿塞责。对于这种轻诺又寡信的人，管理者千万不可轻信。

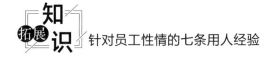

拓展知识　针对员工性情的七条用人经验

对于人才来说，性情是天生的，但是作为管理者，则应该巧妙地任用他们，使他们能够发挥所长，避开其短。下面是七条用人的经验之谈：

（1）那些性格刚强却粗心的下属，在论述大道理的时候，见识广博高远，但是在分辨细微的道理时就显得马虎。管理者可以委托他们做一些大事。

（2）那些性格坚定又有韧劲的下属，喜欢实事求是，他们常常把一些细微的道理分析得明白透彻，但涉及大道理时，他们的论述就显得直露单薄。管理者可以让他们做一些具体的事情。

（3）有的员工能言善辩，反应敏锐，辞令丰富，在推究人或者事情的时候，见解深刻而独到，但是涉及根本问题的时候，常常就说不周全，容易遗漏。这种人适合做一些谋略之事。

（4）有些员工总是随波逐流，不善于深思。让他们安排关系的亲疏远近的时候，他们能够做到心胸豁达，但是要让他们归纳事情的要点的时候，他们的观点就会不够严密，无法点明事情的关键所在。这种人适合做低层次的领导工作。

（5）那些见解浅陋的下属，不能提出深刻的问题。由于自身思考深度的局限，当听别人辩论的时候，他们就会很容易满足。若要让他们去核实精微的道理，他们就会犹豫不决，没有把握。这种员工不可重用。

（6）那些宽宏大量的下属，思维往往不够敏捷。当他们谈论精神道德的时候，显得知识渊博，谈吐不凡，但是若要让他们紧跟时代步伐，他们就会因思维局限而跟不上，这种员工适合用来带动下属的行为举止。

（7）有的员工性情温顺，不强势，他们体会和研究起道理来十分顺畅，但是要让他们分析疑难问题，就会显得拖泥带水，一点儿也不干脆利索。这种人适合按照上级的意图办事。

第四章

异类“潜力股”，用对长处也精彩

在一个企业中，既存在用心做事、勤劳上进的员工，也存在一些让上司头痛的员工，他们看起来是异类，言行出格，饱受争议。也因此，他们常常成为领导者排斥和打压的对象。其实，管理者若能通过现象看本质，就会发现，那些异类员工自有其怪异的资本，他们背后往往潜藏着出色的才能。

容人之短，适度偏袒人才

不知道管理者是否有这样的经验：当总是关注一个人的缺点时，自己的注意力就容易集中在期待他犯错上，而不是关心他在哪些地方会有更好的表现。所以，如果管理者在用人过程中只挑员工的短处，那么，他不仅不能放心任用下属，还容易变得患得患失。

《楚辞·卜居》有云："夫尺有所短，寸有所长。"不能因一个人的缺点而否定他，才能也会在实战中逐步得到展现。

因此，作为管理者，应该保护那些略有瑕疵的优秀下属，尤其要容忍他们的短处，甚至对其适度偏袒。这样做的用意不是喜欢下属的短处，而是有所图。

多数情况下，管理者容人之短可以得到以下几点好处：一是可以更好地发挥和利用下属的长处；二是可以赢得人心，使上下级关系更融洽；三是可以提高自己在员工心目中的声誉，树立一个宽容、豁达的领导者形象；四是可以实现某个特定的目标。

为此，在权衡利弊、决定取舍的时候，管理者最好坚持"得"大于"失"的行为准则。不过，在实施容短护短这一行为时，管理者需注意，应设定一条临界线，使自己不要过线。只有这样，管理者容短护短的行为才是有价值的，可行的。

在不超越临界线的前提下，管理者可以充分利用手中的权力，灵活掌握容短护短的“度”，放手大胆地袒护自己的下属。具体来说，管理者可以参考以下几个原则：

1. 可宽可严

对于下属的缺点，如果本人有较好的认识，别人又能谅解，就不要再揪住不放，可以从宽处置。

2. 可早可晚

某些情况下，对于下属的过失，可以采取“拖一拖，搁一搁”的做法，等事情的风波过去再做处理，或者给下属一个将功补过的机会，视其表现，做出处理决定。

3. 可高可低

如果对于下属的一些缺点或者过失的评估可高可低，那么管理者不妨将下属的缺点评估得低些，将下属的过失性质评估得轻些，充分利用用人行为伸缩度向领导者提供的选择自由，做出偏袒下属的用人抉择。

4. 可大可小

对于下属的短处或者过失，管理者尽量将大事化小，小事化了，减小处理的规模以及处理后产生的影响。

总之，灵活掌握容短护短的“度”，要在合理的“选择圈”内进行，它利用的是人们的认识伸缩度和行为伸缩度，而不是人们认识和行为上的差别。在具体做出容短护短行为的时候，管理者应该充分注意这一点，否则很容易走入误区，出现重大的用人失误。

此外，管理者还要掌握正确、有效的方法，这样才能取得良好的效果，不仅可以恰到好处地将自己的意图传递给下属，使下属明白自己偏袒他们的原因，以此激发他们工作的积极性和创造性，还能使下属在不觉得难堪的情况下更加愿意接受自己的处理意见，这样能最大程度保护下属的自尊心和自信心。

比如，如果下属偶尔犯一些错误，自身已经追悔莫及，并且采取了一定的补救措施，没有造成重大的后果，性质也不太严重，那么管理者就不应该过多责问，以免挫伤下属的积极性。尤其是对那些勤恳工作、超负荷运转和善于创新的下属，管理者更应该给予他们较多的关照和爱护。因为通常情况下，他们的失误会比其他员工多一些，他们更需要关心、支持和理解。

在容短护短的过程中，管理者还需注意，在这之前最好不要大肆声张，在此之后，也不要有意无意用言语去点破，更不必主动找下属谈话，让下属对自己感恩戴德，唯有一切照旧，若无其事，方能收到最佳效果。

拓展知识 三种避开员工短处的方式

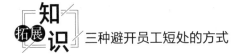

对于管理者来说，如果不能很好地避开员工的短处，就会导致员工在发挥自身长处时受到或大或小的负面影响。所以，为了充分发挥员工的长处，管理者应该巧妙地避开员工的短处。

通常有三种方式可以避开员工的短处，管理者可以视情况选用。

1．放弃该员工

如果一个员工的短处无法弥补，而且这种短处会给企业造成不可挽回的损失，那么管理者就应该当机立断，立即将其辞退。不过，不到万不得已，最好不要采取这种极端的处理方式。

2．侧面弥补

如果一个员工的短处不会给企业的效益造成较大的影响，那么管理者可以通过侧面沟通的方式来弥补该员工的短处，比如通过旁敲侧击的方式让该员工意识到自身的短处，并及时改进自身的不足之处。

3．正面弥补

当企业管理者意识到员工的短处会影响到工作的时候，可以通过调整部署的方式来进行弥补。

出格的员工，也可大胆任用

在企业中，常常有一些出格的员工，他们往往被大多数员工拥挤，但是管理者要明白，他们或许就是潜藏的人才。

相对于那些正经八百、按部就班的员工来说，出格的员工往往性格怪异，行为出格，甚至让人避而远之。但是，极有可能出现的情况是，出格的员工往往能力也很突出。人们习惯上将那些出格的人归为“异类”，事实上，那些出格的人往往很有本事，因为本事就是他们出格的本钱。

对于不同类型的出格的员工，管理者要区别对待，要尽力团结他们、任用他们，让他们充分发挥自己的才能。

1. 与自己性格不合的员工

作为管理者，如果能够得到与自己志趣相投的人的相助，实在是一件万幸的事情。但是，要想用好人才、用对人才，管理者就不能以自己的好恶作为选人、用人的标准，那些观念、作风和自己格格不入甚至总是唱反调的人，也许会对企业的发展更有利。管理者若能提拔这类人才，既显得自己不那么感情用事，善于发掘人才的长处，对人才又能起到一定的激励作用。同时，这样做还能激发更多的人才以公司发展为己任，真正做到人尽其才。

2.“不听话”的员工

习惯上，人们喜欢看顺眼的人，喜欢听好听的话，喜欢走好走的路，但是一些有野性、桀骜不驯的下属，总是反其道而行之，让人心生不快。

在一个群体中，人们往往难以容忍那些带有“野性”的人，甚至给他们扣上“害群之马”的帽子，并且在其“野性”初现时就对其进行扼杀。这样的做法实在欠妥。他们只看到了这些人野性的一面，没有看到其优势和长处。常言道：“听话的不能干，能干的不听话。”作为管理者，应该具有宽广的心胸和高姿态，能容得下下属的“野性”。

3. 有野心的员工

有野心的员工通常是一些有着很强工作能力的人，他们喜欢表现自己，希望通过自己杰出的表现获得更大的发展机会和空间。他们对企业做出的贡献远远大于那些平庸者，但是他们身上也存在不足之处。

当那些野心家心怀希望，拼命工作时，他们就会对企业做出杰出的贡献。但是，当施展抱负时受到阻碍，他们就会心生怨愤，产生不良情绪。

管理者要能够驾驭这种有野心的员工，引导他们前进，不要让他们感到失意，否则他们很可能会将自己一手打造的事业销毁。

4. 奇才怪才

正常人通常只喜欢和正常人打交道，不喜欢那些性格怪异的“怪人”。这是人之常情。大家可能不知道性格怪异的“怪人”往往在某方面有着特异的才能，在他们怪异的行为背后往往隐藏着普通人所不具备的想法，孕育着超常的构思，因为“怪”往往意味着与众不同，意味着推陈出新。

因此，管理者若能使用一些奇才怪才，往往会收到意想不到的效果。

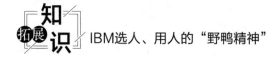

拓展知识 IBM选人、用人的“野鸭精神”

IBM作为世界首屈一指的高科技公司，对于人才高度重视。公司要求所选拔、任用的人才必须具备“野鸭精神”。IBM管理者信奉丹麦哲学家哥尔科加德的一句话：“野鸭或许能被人驯服，但是一旦被驯服，野鸭将失去野性，再也无法海阔天空地去自由飞翔了。”这表明，IBM需要的不是顺服、听话、平庸的人，而是勇于创新、拔尖的人才。曾任公司总经理的沃森说：“我所寻找的就是那些个性强烈、不拘小节、有点野性以及直言不讳的人。如果你能在你的周围发掘许多这样的人，并能耐心地听取他们的意见，那你的工作就会处处顺利。”他还强调：“对于那些我并不喜欢，却有真才的人的提升，我从不犹豫。”

“恃才傲物者”，树立自己的权威

每一位企业管理者都希望自己团队中的成员个个都是优秀人才，没有令他担心的短处。事实上，这样的员工几乎是不存在的，因为每一个人都或多或少存在着不足的地方。管理者若是一直致力于寻找没有缺点的人，那么恐怕他就要永远孤军奋战了。

据说，从前有一个人指着地上摆放的几十盆青松，让他人辨认哪些是真松，哪些是假松。这些青松的形状和色泽一模一样，十分不容易辨认，但是有一个人很快就辨认出来了。旁人问原因，他说：“这很简单，只要细看那枝叶，凡是有小虫眼的，必是真松。”正所谓无疵不真。

辨物如此，识人同样如此。“金无足赤，人无完人”，这是一个亘古不变的道理。管理者在选人、用人的时候，就应该明白这个道理，不要求全责备，抓住人才的小毛病不放，而应该用宽容的态度去了解一个人的所有情况，然后分析他的优点、缺点，扬长避短，发挥他的长处。

在企业管理中，管理者经常遇到“恃才傲物者”，对于这类员工，如果没有处理好与其的关系，轻则会给人留下心胸狭窄、无法容人的印象，重则会使人才遭到排挤，致使工作无法正常开展。那么，管理者该如何对待“恃才傲物者”呢？管理者首先要全面了解他们，这样才能更好地对待他们。

所谓“恃才傲物者”，通常指那些有才华、有主见、有个性，但是不太好管理的人才。一般来说，包括两种人。

一种人是确实有才华，但是性格孤傲，他们通常被人们认为“骄傲自大”“恃才傲物”等。这种人通常有主见，善于钻研问题，不肯轻易放弃有科学依据的东西，甚至让人觉得有点固执己见。

除此以外，他们还有以下几个特点：

（1）总是提意见。古语云：“千夫诺诺，不如一士谔谔。”管理者要知道，这正是他们的可贵之处。

（2）常“将”领导的军。这会让领导尤其是一些外行的领导十分反感。

（3）不搞阿谀奉承那一套，全凭知识和能力说话。他们认为自己在人格上与领导是平等的，没有必要拉关系、走后门，搞人身依附，这种情况在那些从事科学和学术研究的人才身上尤为明显。

另一种人其实并不是真正的“恃才傲物者”，只不过因为工作性质，他们很少联系群众，这就使人们觉得他们孤芳自赏、清高自傲。如果不够了解，不加以分析和判断的话，一概将他们视为“恃才傲物者”，则未免有些片面。

对于“恃才傲物者”，英国著名政治家鲁艾姆说过这样一句话：“受过教育的人容易领导，但不容易进行压制；容易管理但也不能进行奴役。”为此，管理者应根据此类人才的特点，有针对性地进行管理。

1. 树立权威

企业里的“恃才傲物者”通常是某个领域的专家，他们有傲人的资本。

作为企业管理者，决不能容许这类人破坏企业制度。从一开始，就要让他们明白，不要因为自己身上有他人无法比的优势，就可以凌驾于企业的管理制度之上。

一个善于辞令、懂得捕捉他人微妙心思的管理者，就会找他们谈心，了解他们的想法。同时，管理者还会付出行动，因为他们知道实际的行动永远比苍白的语言更有说服力。他们在巧妙地运用企业有限的资本的同时，也为这些狂妄、自负的人立下一个典范，让其明白，一个有权威、有能力的人是如何处理问题的。

2. 指令简洁有力

对于“恃才傲物者”，管理者不需要说太多的话，因为他们都很有才能，对于任何事情都有自己的看法，太啰唆只会让他们心生厌烦，自己在他们心中的形象也会大打折扣。所以，管理者需要做的就是运用智慧以及动员能力。比如，在工作时，适当地冷落他们，让他们懂得一个道理：个人的销售业绩永远无法超越整个团队的总业绩，个人能力再大，在团队中也仍然是微不足道的。管理者要让那些“恃才傲物者”明白，自己的企业少了任何一个人，照样可以运转。

3. 适当安抚他们的情绪

当管理者遇到浮躁的“恃才傲物者”时，应该安抚好他们的情绪，因为情绪会影响他们为企业的发展付出激情和努力。

有时，“恃才傲物者”可能真的与企业无法磨合，想要离开，作为管理者，不能逞一时之快而让人才流失。但是，也不能无原则地盲目放任员工的所作所为。这就是说，管理者要给自己画一条线，倘若真的留不住，就只能随他们去了。

拓展知识 林肯与巴恩的对话

1860年，林肯当选为美国总统。

有一天，一个名叫巴恩的银行家去拜访林肯，碰巧看见参议员萨蒙·蔡思从林肯的办公室走出来。

巴恩见到林肯之后，对他说："如果您要对内阁进行重组的话，一定不要将那个人选进去。"

林肯十分不解："这是为什么？"

巴恩解释道："因为他是一个目中无人、自大狂妄的家伙，他认为自己比您还伟大。"

林肯笑道："哦，那你知道除了他之外，还有谁认为自己比我还伟大吗？"

"这个我就不知道了，"巴恩摇了摇头，"不过，您能告诉我这样问的理由吗？"

林肯回答："因为我想将他们全部选进我的内阁。"

事实上，巴恩并不是对蔡思进行纯粹的人身攻击，蔡思的确是一个桀骜不驯、狂妄自大、嫉妒成性的人，他对最高权力有着狂热的追求，总是想入主白宫。当林肯被选为总统之后，他提出想成为美国的国务卿，被林肯一口拒绝。蔡思对此耿耿于怀。但是，不得不说，蔡思在财政预算、宏观调控方面有着某种异常的天赋，林肯对他非常赏识，所以想方设法避免和他发生正面冲突。

直率冲动型员工，冷静对待

通常来说，这种类型的员工有五种：盲目冒进型、性情急躁型、咄咄逼人型、以牙还牙型和硬汉型。管理者应针对不同的员工采用不同的对待方式。

1. 盲目冒进型员工

对于盲目冒进型员工，管理者可以从以下几个方面入手：

首先，坚持自己的观点。盲目冒进型员工通常是一群非常固执的人，管理者要比他们更固执，不轻易改变自己的观点和原则，这样才能使他们做出让步。

其次，对于盲目冒进型员工，正确的做法是让他们自己提供周全的解决方案。在听取他们计划的同时，要指明他们的计划在实施过程中的难点，并就这些难点征询他们的意见。通常情况下，他们并没有想出一个成熟的解决方案。而这正是促使他们学会“三思而后行”的好机会。不仅如此，管理者需要与他们详细讨论，如果实施他们的计划，可能会出现什么样的问题，并让他们就这些问题做好准备。

当然，有的时候，管理者并不能成功说服这些盲目冒进者改变主意，他们还是坚持按照自己的错误计划实施下去，结果导致不必要的损失。这时，管理者不必紧抓他们的错处不放，要把重心转移到采取什么样的补救措施上。

2. 性情急躁型员工

遇到一点火就着的急躁型员工，解雇并非上策。虽然他们的鲁莽行为给管理者和企业招致了不少麻烦，但是他们的能力是应该予以肯定的。管理者要做的是，掌握正确的方法，驾驭他们，让他们成为最忠心的员工。

其一，管理者一定要保持冷静。面对这样的员工，可以对其进行“冷”处理，让头脑冷静下来，压制自己发火的冲动，然后决定采取什么样的对策，或者沉默，或者以幽默的语言反驳，也可以借助神情、目光等来表达自己的不满情绪。作为管理者，如果你忍让了这种员工的无理取闹，再急躁的人在事后也会有所悔悟的。

其二，最好不要针锋相对地批评他们。脾气急躁的人一旦发火，常常会变得蛮横、霸道、不讲理，所以，管理者不要轻易激怒他们。可以融批评于表扬之中，也就是，先表扬，再顺带着批评几句，这样，被批评者才能保持心理平衡，从而理智地接受批评。

3. 咄咄逼人型员工

一般来说，管理者可以采取两种方法应对咄咄逼人型员工，一种是针锋相对，以更大的火力对其进行压制；另一种是以静制动，等待时机，抓住他们的弱点再进行反攻。

具体来说，针锋相对的做法就是不管对方提出什么问题，管理者都要给予非常肯定或者否定的回答，一丝一毫都不退让，从气势上压倒对方。如果管理者无法回答对方的大多数问题，也不要退让，而应抓住对方言语中的一个小漏洞，将其无限放大，这样对方就没办法展开更加激烈的争论了。

而以静制动是值得管理者尝试的方法。咄咄逼人者一开始往往锋芒毕露、气势汹汹，管理者可以避其锋芒，静待最佳的反击时机。一旦发现了他们的致命漏洞，很容易一击即中。

4. 以牙还牙型员工

当下属对自己产生误解时，管理者不妨以宽大的胸怀对其予以宽容，并敞开心扉，真正倾听下属的心声，感受他们的喜怒哀乐，从而给予他们更多的理解和支持。

在批评这类员工的时候，管理者不妨采取旁敲侧击的方式，不直接批评他们，而是严厉批评其他人，让有错之人心灵受到震动，引起警觉。这种方式也就是人们常说的“杀鸡儆猴”，它往往比直接批评本人更有效。被批评的员工会因为躲过上司的批评而暗自庆幸，从而不易产生反抗心理。

这种方式的特点体现在“敲”和“击”上，也就是说，管理者的批评具有观点明确、态度明朗的特点，使对方不得不怀着敬畏之心接受批评。

5. 硬汉型员工

俗话说：“千军易得，一将难求。”一个优秀的领导者是不会计较他们的直言不讳的，不但会包容他们的缺点，而且还会在待人接物方面对他们进行私人辅导，帮助他们掌握一些处理人际关系的技巧，改善他们的硬汉作风，使其在处理、克服一些问题时变得更加灵活，更懂得变通。

在对其进行批评的时候，宜采取循循善诱的方法，借助委婉、含蓄、隐蔽、暗喻的策略，由此及彼，用弦外之音巧妙表达自己批评的内容，让他们反省、领悟。

拓展知识 引导直率冲动型员工的技巧

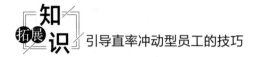

个性冲动的员工往往精力旺盛，盲目动行，心神不宁，焦躁不安，不安分，他们对未来没有把握，常常患得患失，虽然急于想成就一番事业，但是这种个性让他们对自我失去了准确定位，以致变得随波逐流，盲目行动，这就使得他们与团队的务实作风格格不入。

另一方面，管理者也应看到，直率冲动型员工对工作表现出极大的热情，如果对其引导得当，将对其他团队成员产生很大的带动作用。

对于此类员工，管理者可以从以下几个方面进行引导。

1. 帮他们认识自身的优缺点

管理者不妨拿他们和其他员工相比，从能力、知识、技能、心态等多方面进行比较，坦诚分析出直率冲动型员工的优势和劣势，从而帮助他们消除心神不宁、无所适从等焦虑感。

2. 关注细节

直率冲动型员工大多能把控大局，但是对细节的把握稍微弱一些。这就需要管理者不时提醒他们注意细节，使他们逐渐能够细致、周全地考虑问题。

3. 培养务实精神

直率冲动型员工有闯劲儿，有竞争意识，但是光有一腔热情是不够的。所以，管理者在实际工作中应培养他们的务实精神。

自我防卫型员工，有效沟通

自我防卫型员工通常包括三种人：不爱发表意见型、格格不入型和推卸责任型。针对不同的人，管理者应采用不同的方法来进行管理。

1. 不爱发表意见型员工

在工作中，与那些不爱发表意见者沟通时，常常会中途卡壳，气氛变得压抑、沉闷。管理这类员工时，首先应在调节其心态的基础上，尽量创造一个轻松愉快的交流环境。

有的人为了打破尴尬的沉默局面，会没话找话，其实这完全没必要，这样只会引起对方的反感。如果想要得到对方关于某些问题的看法，可以直截了当地让他明确地回答“是”或者“不是”，应尽量避免迂回式谈话。

与不爱说话的下属交流，要懂得一些诀窍，这样才能让下属开口说话，表达自己内心真实的想法，这样的沟通才是有效的，管理也才是有效的。管理者从以下两个方面展开谈话，往往能收到较好的效果。

（1）从兴趣谈起。把兴趣作为谈话的切入点，往往能触动不爱说话的下属心中的“热点”，激起他们说话的欲望，使他们畅所欲言。

（2）谈烦恼。不爱说话之人虽然很少会谈及自己的烦恼，但是这不代表他们没有烦恼。相反，他们比那些性格开朗的人有更多的烦恼。当管理者对他们的烦恼表示充分理解的时候，他们往往会敞开自己的心扉，变得活泼健谈。

2. 格格不入型员工

对于这类员工，管理者首先要帮助他们建立正确的价值观。一个人的价值观往往通过他在某个团体中的行为表现出来。所以，一个员工要想让自己的价值得以实现和肯定，就应该在准确估计自己个人价值的前提下，对所在的团体做出应有的贡献。这就要求他能够真心对待自己所在的团体，并且被团体认可和接受。

其次，很多格格不入者常常因为不能接受困难而自我封闭，管理者要做的是帮助他们认识到困难的客观存在性。任何人想要完成一件事情，都会遇到阻力，如果一遇到挫折就气馁、退却，那么他就什么事都做不成。正确的做法是冷静地反省自己因何失误，找准原因，总结经验、教训，再接着干。总而言之，管理者要帮助这类员工锻炼百折不挠的意志，保持工作热情，勇敢地面对困难和挑战。

最后，有的格格不入者认为自己受到了不公平待遇，管理者应让他们看清现象背后的本质。公平是一个相对的概念，对于同一件事，不同的人会有不同的看法。比如，对于某件事，有些人认为是不公平的，但是也许有另外一些人并不这么认为。

3. 推卸责任型员工

有的时候，员工并不是故意要推卸责任，很可能是因为上司没有具体地分派任务或者明确具体的岗位职责。显然，仅仅告诉下属怎么完成工作是不够的，还必须清楚地说明他们的责任是什么。

对于推卸责任者，管理者有必要对其进行适度的惩罚。但是，需要注意惩罚的轻重。如果惩罚过轻，起不到警示的作用；如果惩罚过重，会使员工千方百计地逃避惩罚。他们会为了免于受罚而找出更多的理由来推卸责任，甚至通过说谎、欺骗及隐瞒错误的方式来避免受到惩罚。这样被隐藏的错误就不能及时得到修正，一旦变得无法修复，企业将变得岌岌可危。

当然，当你教下属学会承担责任的时候，自己首先应该树立一个好榜样。俗话说：“打铁还需自身硬。”如果领导习惯于推卸责任，员工怎么可能会承担责任呢？

拓展知识　如何给予自我防卫型员工安全感

自我防卫型员工常常小心谨慎，深思熟虑，对未知的事物充满过多的忧虑和怀疑。他们不喜欢凸显自己，只想做一个人群中的默默无闻者。所以，他们从来不愿意担当领导者的角色，也不想承担过多的责任。对此，领导者应该给予他们安全感。

（1）要学会欣赏他们的忠心和坚守本分的工作精神。在安排工作的时候，管理者最好不要向他们提出太多的新方案，而应给他们提供可靠而权威的数据，耐心地解答他们的疑问，主动关心并消除他们的疑虑，这样才会使他们安心。

（2）在自我防卫型员工的工作过程中，管理者最好少提建议，因为过多的建议会让他们心里产生一种压迫感，还会怀疑管理者对他们的信任程度。

（3）自我防卫型员工喜欢熟悉的领域，这会带给他们安全感，他们认为未知的领域和不确定的未来是与险情相连的。所以，管理者在一开始就应该给他们设定一个宽泛的区域，好让他们能够逐渐熟悉它、接受它。当然，在这期间，管理者要帮助他们制定一个个小目标，让他们一步一步地实现。

（4）管理者在批评自我防卫型员工的时候，要讲究方式方法。由于他们具有强烈的心理防卫意识，管理者最好不要当面对其进行指责或者挑剔，如果这样做，他们会认为你在背后也会这样议论或者嘲笑他们。

每一个人都希望得到别人的肯定，关心自己在别人眼中是什么样的，自我防卫型的员工更是如此。他们正是担心自己在别人眼中不够好，怕受到伤害，所以才会通过自我封闭来保护自己。如果管理者能够真诚、客观、公正地对这类员工做出评价，往往会使他们进行反思，那么交流就会变得更加顺畅了。

消极被动型员工，给予信心

作为管理者，想要看出消极的工作风气是否在公司内部悄悄蔓延，其实很简单。如果一个企业出现员工流动率很高、缺勤率上升、工作动机不足、士气低落、工作态度消极、对组织或者企业的忠诚度降低等现象，就足以说明企业内部出了问题。

对于管理者来说，想要阻止这种消极的工作风气继续蔓延，消除它的不良影响，就要认真管理企业内部消极被动型的问题员工。

一般来说，消极被动型的员工包括悲观主义型、愤世嫉俗型、浑浑噩噩型和过于循规蹈矩型四种类型。针对不同的类型，管理者应采用不同的管理方式。

1. 悲观主义型员工

当悲观主义型员工在表达一个消极观点的时候，管理者可以让他们描述得尽量具体一些，可以询问他们为什么那样不行，这是一种猜测还是建立在客观事实基础上得出的客观判断。如果是后者，管理者可以进一步询问他们解决这些问题的办法。

在具体的工作中，管理者可以这样对待此类员工：

首先，管理者不要认为他们一无是处，对他们十分反感，要知道，这种悲观主义型员工能够敏锐地发现一些错误的存在，这个优势有时可以防止整个团体出现重大失误。也不要动不动就对他们进行严厉的批评，即使不得不批评，也要始终保持冷静的态度。有的领导者在批评下属的时候，一开始尚能保持冷静，后来越批评越气愤，甚至涉及批评对方的人格，这是最不可取的批评方式。那样的话，被批评者就会对批评十分抵触，甚至当面反唇相讥，导致双方关系恶化。真正正确、有效的批评，绝对不能掺杂任何个人情感，而应是一次经过细腻处理的、冷静的、充满理智的谈话。

其次，此类员工通常十分害怕失败，他们不敢冒险，还会试图阻止团队中的其他人冒险。管理者不妨让他们描述一下一旦实施这个“危险”的计划可能会出现的最严重的后果。这样的描述可以帮助悲观主义型员工对未来的前景做出相对客观的预测。

最后，管理者应尽量减轻悲观主义型员工肩上的责任，他们害怕的是承担失败的后果，害怕承担责任。如果管理者能够让他们意识到即使整个计划失败了，他们也不用承担任何责任，那么他们就会表现得积极一些。

2. 愤世嫉俗型员工

此类员工对人的本性和动机充满怀疑，总是用怀疑的眼光看待周围的一切。对于愤世嫉俗型员工，管理者首先要及时消除这种消极情绪给整个团队带来的不良影响。

有的管理者可能会直接把他们解雇，但是这样做并不能消除他们所传播的消极情绪。所以，管理者要做的就是给那些消极的观点披上一件幽默的外衣。当然，还可以以事实为依据，彻底粉碎愤世嫉俗者那些危言耸听的观点。同时，及时对愤世嫉俗者进行批评教育。

3. 浑浑噩噩型员工

卡内基曾给一位男士这样的忠告：“你必须把你的想法好好组织一下，先期待你要达到什么目标，然后才能够开始出发。”浑浑噩噩型员工缺乏的正是这样一个过程，简单来说，他们需要的是一个目标，管理者可以督促并帮助他们完成这一过程。

当他们制定了一个合理的目标之后，管理者还要时常提醒他们，使他们坚持实现这一目标，而不至于半途而废。

4. 过于循规蹈矩型员工

这类员工总是循规蹈矩、按部就班，缺乏创新精神，没有远见，但他们具有一些他人无法比的优势。比如，做事仔细认真，一丝不苟，只要是有明确目标的一般性的事务，他们都能按照具体的指标把它做到令人十分满意甚至无可挑剔的程度。他们很少出现原则性的错误，所以易于管理。

对于过于循规蹈矩型员工，管理者可以安排一些不违反常规的琐事让他们完成，这样他们就会严格按照领导的指示，并套用领导的做事风格和做事方法，将事情做得完全符合要求。

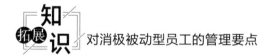

拓展知识　对消极被动型员工的管理要点

一个成功的管理者，不但要消除消极被动型员工对团队的负面影响，还应该尽可能地帮助他们变消极为积极，变被动为主动，实现自我人格的完善。

为此，管理者可以从以下几个方面进行正确引导：

1．把你的判断告诉他们

当消极被动型员工认为自己正处于不利境地时，管理者不要只注重他们说了什么，更要注重他们做得怎么样。管理者可以根据自己的判断，清晰明了地告诉他们自己的看法。如果管理者认为他们的工作进展得十分顺利，就直截了当地告诉他们“干得不错”。相反的情况，可以直接告诉他们“你是错的”。

当然，如果这类员工所处的不利境地是较难改变的，管理者可以给他们指出来，并尽力帮助他们辨别问题，且对这些问题做出详细、具体的利弊分析。

总之，管理者一定要引导消极被动型员工做出更为积极的情感反应，而不是自己的本能反应，用乐观的方法去消除他们的悲观情绪。

2．帮助他们树立成功的信念

消极的人总是对一些事物秉持一种“无所谓”的麻木态度，管理者可以给他们提供成功的机会，让他们充分享受成功的喜悦，这可以刺激他们的神经，让他们变得情绪高涨，工作热情随之增强。给他们提供成功的机会其实很简单，管理者可以把一些简单的、较容易做的任务交给他们完成，这样他们就能轻易地成功。

第五章

合理组合，有效匹配才能实现高效率

管理者的用人之道，不仅在于将合适的人才放在与其匹配的岗位上，还在于将不同类型的人才进行合理的组合，使之产生很强的整体效应。没有很差的员工，只有放错了岗位的人才。其实，用人的精髓就是建立一个合理的组织架构，并做到人尽其才，相互合作，使组织高效运转。

没有全才，人才合理搭配才能效率高

骆驼被称为“沙漠之舟”，它之所以能在条件恶劣的沙漠中长时间穿行，与它身体各个部位的功能是分不开的。

比如，它长着长长的睫毛，可以抵挡吹进眼睛里面的风沙，使它得以在风暴中找到前进的方向；它高耸的驼峰里面可以储存足够的养分和水分，用以解决其在长途跋涉中的饥渴问题；它坚实宽厚的脚掌能够帮助骆驼大幅度减少在沙漠中行走时自身体重对沙土的巨大压强，让自己行走自如。

如果将骆驼比作一个企业，那么它身体的各个部分就相当于拥有不同技能的人才。每个人才都在其相应的工作岗位上发挥着作用，这样企业才能立于不败之地。

由于每个员工都有不同的性格、脾气、优缺点和人生经历等，管理者要做的就是将每个人的优点进行合理、有效的搭配，以产生最佳的整体效果，这样才能将所有的力量汇聚在一起，发挥出整体的优势。

那么，如何对人才进行合理、有效的搭配呢？这就需要管理者具有统筹管理能力，实现人才“合理搭配，合理互补”。

历史上许多杰出人物都将人才“合理搭配，合理互补”的手法运用得炉火纯青。唐太宗李世民就是一个典型的例子，他能够实现“贞观之治”的宏伟大业，不仅仅缘于他的睿智，还和他善于合理搭配人手也有很大的关系。

唐太宗李世民在任期间，有一位大臣名叫王珐，他不仅具有识人的本事，还极善言辞。

有一次，唐太宗在和王珐讨论朝中大臣的时候，对他说道：“如今我大唐朝臣众多，你来说说，他们都有什么才干。而且，将你自己和他们进行比较，谈谈自己有哪些过人之处，有哪些不足之处。”

王珐沉思片刻，说道：“房玄龄为国尽忠，事无巨细，必亲力亲为，若发现有事情未完成，必尽心尽力将其完成，在这方面，我不如他；魏徵见微知著，时常关注皇上的言行举止，又善于直言进谏，这一点，我不如魏徵；李靖能文能武，在外能带兵作战，奋勇杀敌，在内能辅佐皇上处理政务，这一点，我比不上李靖；温彦博处理起政务来，刚正不阿、一丝不苟，上传下达时把指令传递得简单明了，这一点我不如他；戴胄智谋过人，善于处理各种难于解决的问题，这一点我同样不如他。但是在惩恶扬善、维护正义等方面，我做得有声有色，我觉得这就是我的过人之处。”

唐太宗治理国家就如同管理者经营企业，朝中的大臣就相当于企业的员工，在不同的岗位上，每一个人都发挥自己的长处，这些力量汇聚在一起，才使得朝堂上下一片祥和，整个国家繁荣昌盛。不管是成就千秋霸业还是治理企业，都离不开人才，而对于人才的利用则是重中之重，只有做到对人才合理搭配，“损有余而补不足”，才是对人才最好的利用。

从数学上讲，“一加一等于二”。可是在人才的组合利用上，如果搭配合理，就会产生“一加一等于三、等于四或者等于更大的数值”的效果。但是，如果组合不当，就很可能会出现“一加一等于零甚至负数”的结果。所以，管理者在用人上，不仅要考虑不同人才的能力和才华，还要考虑其个性和优缺点，做到最优组合，这样才能搭建出最合理的人才架构，从而发挥人才最佳的效能。

总之，管理者善于用人不仅体现在人才的多少上，更体现在对人才的优势组合和搭配上。在一个拥有众多人才的企业里，人才不仅要有个体的优势，还要有最佳的组合结构。“全才”是极少的，但是如果将一些“偏才”组合得当，同样能达到“全才”的效果。

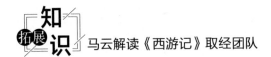

拓展知识　马云解读《西游记》取经团队

著名企业家马云，在用人方面，一直将看似无为又无能却能掌控三位高徒的唐僧当作自己管理团队的偶像。他认为：“现实中最完美的团队是《西游记》中的唐僧团队。唐僧是一个好领导，他志向远大，有很强的使命感和原则性。他要去西天取经，谁都改变不了，不该做的事情，他也坚决不做。

“而孙悟空这种员工比较像现代企业管理中定义的‘野狗’。他们是公司最‘爱’的也是最‘讨厌’的人。他们有极强的工作能力，却也多少有些‘无组织，无纪律’的个人英雄主义，并且非常情绪化。

“在这个团队中，猪八戒的角色也很重要，他是这个团队的润滑剂，虽然他看上去‘很反动’，但是他非常幽默，没有笑脸的公司是很痛苦的公司。”

对于这个由师徒四人组成的团队，马云分析得很透彻，他说，如果唐僧团队中没有猪八戒，那么这个团队就会黯然失色，而沙僧是团队中最常见的保守型员工，安稳踏实。另外，唐僧知道孙悟空顽劣，就管得很紧，随时会念紧箍咒对其惩戒一番；猪八戒小毛病比较多，但不会闯下什么大祸，偶尔批评他几句就可以了；而沙僧需要经常鼓励一番。这样，一个强大的明星团队就成形了。

人才匹配，要善用“集结配套”谋略

在企业的人才群体结构中，人才不在于“多”，也不在于“精”，而在于“配套”。企业领导者在选用人才的时候，不仅要根据不同员工的能力和专业进行组合搭配，还要针对他们的不同气质、品德、性格等进行合理安置。只有企业内部人群中人才素质协调一致、配合默契，才能取得最佳的工作效果。换句话说，管理者在用人实践中，要讲求人才配置的规模效益，这是一种不增加人才投资而能获取最大效益的有效办法。

在战场上，一门火炮的威力显然不如一个火炮群的威力大，而某一种火炮群的威力不如由多种火炮组成的混合炮群的威力大。好比在敌机侵犯一国领空的危急时刻，那些单一的高射机枪群、高射炮群或者对空导弹群，都难以胜任这一艰巨的防空任务，唯有将这些具有不同性能的兵器集结配套，组成一张严密的防空火力网，才能有效抵御来自不同方向、不同高度侵犯领空的敌机。

用人也是如此，在日常领导活动中，单一任用人才，往往不及人才群体配置、协同使用的效果更迅速、更显著。

任用人才，一要集结，二要配套，这就构成了一个非常重要的用人谋略——“集结配套”谋略。

一个有经验的管理者，在运用“集结配套”谋略的时候，常常会认真考虑以下几个环节：

1. 集结时间

任何人才群体，不可能在任何时间段都保持在一定的集结常量，必须随着工作任务的完成情况而不断发展变化。这就需要管理者根据实际需要不断调整人员集结的形式和数量。

管理者需要注意的是，调整的时间要适宜。如果集结的时间过早，工作还没有到达高潮期，就会使很多人才闲散下来，无事可做；如果集结的时间过晚，工作早已进入高潮阶段，就很容易导致人才短缺、难以招架的局面。

因此，管理者必须选择最佳的时间，集结优势人才，这样才能“打”一场漂亮的“歼击战”。在此过程中，管理者一旦发现有退潮现象，就应该将其中一部分多余的人才转移出来，重新集结到另外一个正处于高潮阶段的任务上去加强火力。

2. 集结密度

管理者在进行人才配套的时候，往往会考虑人才的集结密度，也就是，在企业或者不同部门中，同类人才的集结数量应该控制在怎样的限度内。如果人才集结过多，就很容易造成人才过剩、人才浪费；如果人才集结过少，又会出现势能偏低、火力不足的状况。只有集结适量，才能使人才资源得到最大程度的开发与利用。

3. 配套结构

进行人才集结，必须讲究一定的配套结构。它包括三个方面：一是人才要齐全，不仅要包括技术型人才，还要包括知识型人才；不仅要有知识广博的通才，还要有知识精深的专才。二是各类人才的比例要合理。不同等级人才的搭配，应该以融洽、协调、顺手为原则。一般来说，按照高、中、低三个等级的搭配，正常比例应该是1∶3∶5，也可以是1∶2∶4，还可以是1∶5∶9。三是机构要健全。管理者在进行合理的人才配套之后，要在建立理想的硬结构的基础上，逐步建立起理想的软结构，这会使人才之间产生良好的互补共振效应，并以此营造良性竞争的环境。

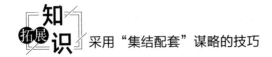

拓展知识 采用“集结配套”谋略的技巧

要让每一个员工都发挥出自己的积极性和创造性，管理者应根据自己领导活动的需要和工作任务的性质，采用灵活多变的配套形式，将企业内不同的人才卓有成效地集结起来。所以，集结配套形式必须有利于实现管理者制定的任务、目标，有利于充分发掘人才资源。

在具体实施的过程中，管理者可以采用如下技巧：

在引进人才的时候，管理者不必一味求高、求尖，而应根据企业内部的人才配置状况，本着“缺什么补什么”的原则，有针对性地引进高、中、低三个不同等级的人才。

当现有人员中缺乏相应的配套人才的时候，可以从外部引进一两个优秀的人才，但是最好对他们秉持一种审慎的态度，因为这些引进的人才加入企业以后，往往会出现孤掌难鸣的困境，很难取得什么明显的人才效益。在条件允许的情况下，可以实行群体引进策略，这样利于取得更好的工作效益。

在一些发达国家，动用重金将某个人才群体如公司、研究所、实验室、咨询机构等整体引进的情况是很常见的。

当企业中有拔尖人才处于孤掌难鸣的境地，而管理者一时又很难为他配置相应规模的人才的时候，可以在征得本人同意的前提下，让他去其他地区、其他单位，与其他人才群体进行重新组合，以此获取新的更显著的规模效应。

为了不造成人才浪费，管理者可以采用矩阵管理的方法，在任务初始阶段，人才需求量不是很大的时候，只投入少量的人才。当任务全面铺开、达到高潮的时候，迅速投入全部人才。在任务收尾阶段，管理者应及时将剩余人才转移到其他任务中去。

员工性格互补，团队更和谐

在一个团队中，尤其是在一个核心团队中，什么样的组合是最合理、最和谐、最有生命力的团队组合呢？也许有人会说：“要一起做事，当然是性格相近的人组合在一起比较好。”事实真的是这样吗？

要知道，每一个人都是独一无二的，他们天生就有着与他人不同的性格特征。有心理学研究表明，不仅性格特征相近的人会相互吸引，很多彼此性格差异较大的人之间也能建立起非常亲密的关系。人们对自己缺乏的特质存在一种饥渴心理，这会导致那些在兴趣、性格、专长、观点等方面存在差异的人，一旦构成互补关系，就会像磁铁的正负极一样，产生强烈的相互吸引的关系，他们不但相互吸引，而且最容易相处，这就是人际关系中的“互补定律”。

我们在生活中也会见到这样的现象：口若悬河的人和沉默寡言的人成了无话不谈的好朋友，脾气暴躁的人和性格温顺的人更能和睦相处，当机立断的人对那些优柔寡断的人有更大的吸引力，大大咧咧的人和谨小慎微的人反而成了莫逆之交。

事实上，这种“一阴一阳”“一刚一柔”的互补性在恋人和夫妻之间表现得尤为明显。男人的威武雄壮可以让女人有安全感，而女人的温柔细腻则可以给男人带来愉悦感。在生活中，一些性情差异较大的男女会因为性格互补而走到一起。

比如，支配型的人和服从型的人喜结连理，热情健谈的人和忧郁沉静的人坠入爱河，脾气暴躁的人和稳重安静的人结为秦晋之好，等等。

对于男女间的这种互补关系，心理学家给出的解释是，此种现象源于人类寻求完整自我的心理。心理学大师杨格认为，每个人都兼具显性和隐性（或称“影子”）两种不同的人格。这就是说，一个性格活泼的人实际潜藏着阴郁的一面，而一个安静的人或许在一个陌生的环境中会变得躁动不安。

因此，当遇到一个具备“影子”人格的人的时候，我们内心常常会产生一种欢呼雀跃的感觉，因为对方彰显了自己缺乏或者被压抑的人格特质。

比如，一个沉默寡言的人遇到一个性格开朗的人，他的“影子”人格就像是受到了阳光的感召，整个人都变得活泼开朗起来。

从企业组建团队、进行人才组合来看，如果将具有相同性格、相同气质的员工组合在一起，那么工作往往难以完成得很好。举例来说，若将那些脾气急躁的人安排在一起工作，他们之间就很容易发生争吵、冲突，形成不和谐的工作氛围，这会使整个团队工作效率低下，甚至可能比员工个人单打独斗时的效率还要低。当内耗积累到一定程度的时候，团队就会面临解散的风险。

其实，团队建设的过程就是一个个性修补、互补的磨合过程。在一个团队中，既要有性格沉稳、深谋远虑的人，也要有将眼前的事情做到位的“随遇而安者”；既要有性格外向的人，也要有性格内向的人，这样才能形成互补，组建一个完整且高效的团队。

通常来说，人才都有鲜明的个性特质，如动力型、开拓型、保守型等。

除此之外，他们还有各自独特的，甚至没有人可以取代的优势和长处，当然，他们也有自身的缺点和短处。如果抹杀了这些个性特征，就等于抹杀了人才，只有把他们安置在一个具有互补性的人才结构中，使他们相互适应、相互弥补、相互协调，才能充分发挥他们的优势和作用。由互补而产生的共振结果，将使团队成员趋于心理平衡，增强进取心，由此形成整个团队的巨大的凝聚力、战斗力和创造力。

拓展知识 五维度人格分析模型

管理者在组建团队的时候，可以通过五维度人格分析模型，来分析并简单判断出不同员工的个性特征，这样才能根据工作的需要，组合出性格、能力互补的高效能团队。

五维度人格模型，也被称为“大五”，主要包括五个方面的维度。

1．外倾性

这一维度描述的是个体对关系的舒适感程度。一般来说，这种性格特质的人包括两类，一类是外倾者，他们倾向于群居，善于社交和自我决断；另一类是内倾者，他们倾向于封闭内向、胆小害羞和安静少语。对于管理者来说，这一维度很容易通过观察做出判断，可以在面试应聘者的时候通过自我介绍、压力问题、故意冷场等方式来考察。

2．随和性

这一维度描述的是个体服从别人的倾向性。通常情况下，高随和件的人乐于合作、热情，并信赖他人；而低随和性的人看起来冷淡、有敌意，常常不受欢迎。关于这个维度，管理者可以通过故意制造一些带有不敬意味的话语情境来试探人才的反应，从而推断出来。

3. 责任心

这一维度主要用来检测一个人的信誉。具有高度责任心的人通常是负责任的，做事有条不紊、持之以恒，值得信赖。相反，一个没有责任心的人则容易精力分散，缺乏规划性，且不可信赖。管理者可以通过询问应聘者是否具体了解过企业的情况，来看他是否有责任心。因为一个对自己的求职都不负责任的人，是不可能对他人和企业负责的。

4. 情绪稳定性

这一维度反映的是个体承受压力的能力。一般来说，积极的情绪稳定性者常常心态平和，充满自信和安全感；而消极的情绪稳定性者常常具有紧张、焦虑、失望和缺乏安全感等负面情绪和表现。这一维度对于从事较独立的内部工作影响不是太大，但是对于从事对外或者与其他部门关联性很强的工作，则要重点考察。

5. 经验的开放性

最后一个维度针对个体猎奇的兴趣和热衷程度而言。具有很强开放性的人好奇心强，富有创造性，并具有艺术的敏感性；而处于开放性维度另一个极端的人则相对比较保守，仅对熟悉的事物感到舒适和满足。对于一个人开放性的考察，管理者可以在面试过程中提出一些中性或者偏向性明显的问题，看看他能否从多维度去看待和分析，并提出自己的观点。

合理的员工年龄结构，增强团队战斗力

在一个狼群中，不同年龄和不同强弱的个体存在着较大的区别，但一到团队围猎，常常就不分彼此，老、幼、强、弱齐上阵，老弱的狼做掩护，强壮的狼负责进攻，团队成员各尽所能，各司其职。可以说，狼群是一个完美的互补型团队。

在进行企业管理时，管理者不妨学习狼群的这种战斗模式，合理组合人才，使他们优势互补，从而发挥出最大的综合优势。如果将年龄相近的员工组合在一起，一方面会造成人才体力、智力、经验和心理层面上的重叠，这不仅会因有过多的相似之处而造成浪费，还可能因缺少其他年龄层的人才而造成损失；另一方面，由于团队中职位有限，很可能会造成恶性竞争，这不利于后续人才的培养。

因此，管理者应根据特定团体的工作目标和要求，搭配出合理的人员年龄结构，这样既能在员工体力、智力、经验和心理上互补，也可以顺利地实现人力资源的新陈代谢。也就是说，搭配出人们常说的"老马识途、中流砥柱、年轻有为"的老中青三代员工相结合的较为理想的组织模式。

要想搭配出合理的人员年龄结构，管理者首先要了解不同年龄段员工的

工作特点，包括了解其优势在哪，劣势在哪。

1. 高龄员工

由于此类员工年龄较大，他们的体力、视力和记忆力与年轻人相比有明显衰退的迹象，而且大部分高龄员工开始出现求稳心态，所以很难在工作上再出现年轻时的冲劲和闯劲。

此外，高龄员工接受新事物的能力也有一定的局限性。比如，以前他们习惯用算盘，现在电脑早已普及，而他们接受起来很吃力，这就容易造成效率低下。

然而，高龄员工也有其他年轻员工所不具备的优势，那就是他们有着丰富的工作经验和人生经历，这些可谓是丰富的宝藏。除此之外，高龄员工做事牢靠，没有年轻人的鲁莽，也就减少了许多不必要的失误。

2. 中龄员工

中龄员工常常是团队中的中流砥柱，他们具有反权威和追求完美的倾向，他们已经过了享乐为主的年轻时代，开始追求更高级的享受，所以他们期望通过自己的努力来逐步提高自己的经济水平和工作中的地位。

从另一个角度来看，他们有着强烈的参与管理的意愿，如果管理者能够充分调动起他们的积极性，那么他们就会在自己的岗位上做出卓越的成绩。如果他们对这个团队失去信任，他们就会选择离开。

3. 年轻员工

年轻员工的普遍特点就是心理不成熟，缺乏工作经验，这导致他们在工作中常常出现失误，而且他们的忠诚度相对较低。同时，他们似乎有种天生的反叛性，对年龄较大的同事有种潜意识的排斥和抗拒感。他们常常认为年龄较大的员工已经“落伍了”“跟不上时代潮流了”等。

然而，年轻员工身上的优点也是十分明显的，他们精力旺盛、思维敏捷、敢想敢干，好胜心比较强，这些都是难能可贵的优势。

在一个团队里，有的工作适合有着丰富阅历、稳健的中老年员工去完成，有的则更适合交给朝气蓬勃、干劲十足的年轻员工去完成。中老年员工的稳健和经验可以弥补年轻员工考虑不周、易冲动的不足，而年轻员工的热情、有干劲又可弥补中老年员工由惰性带来的不足。所以，年龄上的互补，可以使一个团队的工作完成得更好。

拓展知识 如何调整员工的年龄结构

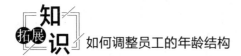

在调整员工的年龄结构之前，首先要分析一下现有团队中员工的年龄结构。管理者可以按照不同的年龄段分开进行，一一统计出所有团队人员的年龄分布情况，进而求出团队成员的平均年龄。进行这项工作的主要目的在于了解以下几种情况：

（1）团队中员工是年轻化还是趋于老龄化。

（2）员工吸收新知识和新技术的能力。

（3）员工工作的体能负荷大小。

（4）工作职位的性质和年龄大小的匹配要求。

通常来说，理想的员工年龄结构应呈“金字塔”形，顶端代表年龄在50岁以上的少数较高年龄段的员工；中间部位代表35～50岁的中等年龄段的员工；底层人数最多，它代表的是20～35岁的低年龄段的员工。

当然，年轻化是一种大趋势，除此之外，选择和搭配什么样的年龄结构，还要根据团队的具体需要而定。

合理运用“异性效应”，让工作更高效

“异性效应”

在现实生活中，我们常常会听到有人调侃说：“男女搭配，干活不累。”的确如此，在我们的学习、工作和生活中，异性相互接触可以产生一种特殊的激发力，这种现象被称为“异性效应”。

这种效应作用的对象既不是特指夫妻或者恋人，也不是指在会议期间、问路等普通的短暂男女接触，而是在工作、学习和娱乐中，为了加深了解而有着较多接触和交流的异性。这种交往是建立在男女双方自觉自愿基础上的，是一种为了事业进步、丰富人生、获得愉悦感受而进行的有益活动。

“异性效应”是一种普遍存在的心理现象，其表现是，与只有同性参与的活动相比，在两性共同参与的活动中，参与者的热情更高涨，心情更愉悦，也干得更起劲、更出色。

研究发现，在只有男性或者女性组成的团队中，他们往往会因为一些小事而产生摩擦，导致冲突不断。而“异性效应”则可以避免这种状况，促使成员之间相互关心、相互理解。有调查发现，在同一办公室内，如果有异性存在，气氛不知不觉就会调和很多。

“异性效应”的原理

“异性效应”的存在并不说明我们每一个人都是好色之徒，这其中包含着丰富的科学和心理学原理。

心理学家发现，“异性效应”在男性身上表现得尤为明显，这主要是因为男性往往更喜欢通过视觉来获得有关女性的信息，如女性的容貌、发型、肤色、身材等外部特征，这些都容易使他们产生极大的兴趣，并会对他们的感觉器官产生一定程度的冲击作用，令他们感到非常愉悦。

此外，心理学家还发现，男性在女性面前有着强烈的表演欲，这种表演欲在女性身上表现得并不是那么明显。而表演欲和表演行为本身可以刺激人体分泌一种神经传导物质——多巴胺，它具有使人兴奋、增强人的动机的作用。据相关研究表明，人体内多巴胺水平的正常增高会让人变得异常兴奋，并感到活力十足。

当然，女性在男性面前同样会产生表演的欲望，而这也会引起她们体内多巴胺水平的变化，从而提高她们的兴奋度，增强她们的工作活力。

除此之外，还有一个显著的原因，那就是男女生理和心理上的互补性。比如，男性力气大，女性柔韧性较强；男性胆子较大，女性比较细心；男性偏重理性，女性则偏重感性。所以，在工作中，那些需要体力、偏于理性的工作主要依靠男性来完成，而细致、感性的工作则主要交由女性来完成。

20世纪70年代后期，科学家越来越热衷于研究外激素，他们发现了外激素活动对人及动物行为的影响规律，研究结果表明，人或者动物皮肤或者外部器官上的腺体会向外释放一种激素，这种激素被称为外激素，它们一般具有明显的气味，而且这种气味很容易被异性捕捉到，并对其行为产生影响。

举一个简单的例子，在宇航员、野外考察人员等以男性为主的职业中，在长期工作中，其工作人员会莫名其妙地出现身体不适状况，如头晕、恶心等。这种状况通过药物治疗往往难以见效，但在工作人员和异性接触之后，能够很快得到缓解。其实，这种现象就是性别比例严重失调、异性气体极度匮乏造成的。

合理运用团队中的“异性效应”

现在越来越多的人已经意识到，工作中若有异性存在，员工就可以放松神经，调节情绪。男女混合编制，不仅可以提高工作效率，还可以调整人际关系，有效地缓和员工之间的冲突和矛盾。但是，在团队中运用“异性效应”的时候，管理者要把握好尺度，否则难以发挥其积极作用。

1. 合理调配男女的比例

心理学研究发现，“万绿丛中一点红”和“众星捧月”式的男女搭配比例都不能创造最佳的工作效率，要想提高整个团队的工作业绩，女性的比例至少应该达到20%。同时，同事搭档之间的年龄最好能够相仿，否则很可能因为彼此年龄悬殊而产生代沟，导致不太容易合得来。

2. 正向引导“异性效应”

管理者要引导“异性效应”产生正向作用，不能将暧昧当作提高工作效率的动力。管理者要让员工们明确，男女搭配工作，彼此只是简单的同事或者普通朋友的关系，不能掺杂过多的男女之情。这是因为，从短期来看，彼此之间确实配合得格外默契，但是从长远来看，他们的工作容易为私人感情所累，难以继续。

因此，当不正常的“异性效应”出现一点苗头时，管理者就要及时、果断地进行处理，把问题消灭在萌芽状态。如果领导者对此不闻不问，任由其发展，不仅会给团队带来不好的风气，还会给家庭、社会带来诸多不稳定、不和谐的因素。

拓展知识 职场运用“异性效应”的好处

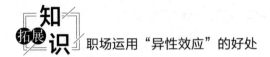

在职场中，如果企业管理者能够合理运用“异性效应”，将男女比例搭配适当，可以取得事半功倍的效果。

1. 优势互补，取长补短

男性通常具有勇敢刚强、果断理智、不拘小节等性格特质，总的说来，性格比较主动；而女性往往具有温和文静、感情细腻、举止文雅、动作灵活、说话委婉等特质，不过有时候有点优柔寡断，性格比较被动。男女在一起工作，有利于在性格上形成优势互补，并且容易发现自己的缺点，可以让自己的个性更完善。

2. 产生推动力和约束力

每个人都希望在异性面前表现自己优秀的一面，因为获得异性青睐可以成为自己前行的巨大动力。男女搭配工作，可以激发每个人表现出最好的一面，这可以让团队中的每一个成员都各显神通，在各自的工作岗位上发挥最大的潜能，同时还能产生一种内在的心理约束力，以此规范自己的言行。

3. 增强凝聚力

男女搭配，可以使一个群体中的成员产生归属感、荣誉感和凝聚力，从而在不知不觉中提高工作效率。

人员调配，要善用“加法”与“减法”法则

在一个企业或者部门中，如果能人太多，反而不能把事情做好。试想，如果把十个一流的人才放在一起做事，他们都会发挥各自的特长，每个人都有自己的主张，十个人就有十个不同的主张，根本无从决断，计划也就无法实施下去。结果，本来是能人的组合，却导致组织的工作效率下降，甚至阻碍事业向前推进。

三个能力超强、智慧过人的企业家合资创办了一家公司，这个公司隶属于一个集团组织，三个人分别担任会长、社长和常务董事的职务。在他们任职期间，公司业绩惨淡，一直处于亏损状态。集团总部得知这一情况后，立即召开紧急会议，研究对策。最终会议决定派社长到别的公司去投资，同时不再担任社长的职务。

事后，有的人猜测这家公司经过这番撤资的打击之后，非垮不可。但没想到，留下的会长和常务董事齐心协力，竟然将公司的生产力提高到了极致，他们在短时间内就使生产和销售总额达到了原来的两倍，不但弥补了前几年的亏损，还屡创新高，创造了可观的利润。

而那位投资别处的社长，自从担任另一家关系企业的会长职位以来，反而更发挥出了自己的能力和优势，显示了卓越的经营才华，取得了不错的业绩。

上面这个例子中，三个企业家虽然都是一流的人才，但是他们叠加的结果竟然是惨败。最后，把一个人减去，将他们分成两部分，反而获得了成功。

这里的关键就在于“人事协调”，换句话说，之前他们合作失败，与三个人的个性和特长配合有很大的关系。

关于领导者的用人策略

习惯上，我们往往承认多数人的效益，因而有“人多力量大”“集思广益”“三个臭皮匠，顶个诸葛亮”等说法。在通常的认知里，运用一个人的智慧，不如综合运用多数人的智慧。但是，要知道每一个人都有自己特殊的才能、思想和个性，如果他们观点不一或者个性不合，很容易就会出现对立或者冲突的局面，这样一来，多人叠加的力量就会被分散、抵消掉。

俗话说：“一山不容二虎。”如果一山二虎甚至多虎，就很难将其团结起来，共同发挥作用。因为他们谁也不服谁，相互之间常常会发生争执，导致办事效率极其低下。因此，对于管理者来说，只有注意人才的层次性和互补性，才能使人才个体在整个团队群体的引导和激励下释放出最大的能量，从而产生良好的团队效应。

就如前面案例中所讲的，正因为社长被调走了，许多原本对立的经营理念才获得了协调和统一。所以，自从实施了人事上的“减法”之后，他们都能在各自的岗位上发挥自己最大的力量，分别创造出了优良的业绩。

事实上，任何一个团队出现了这种人事调配不当的情形，都会导致员工情绪低落，无法发挥自己最大的工作效能。相反，如果人事调配得当，层次分明，优势互补，那么所有人都能愉快地同心协力，创造惊人的绩效。

关于普通员工的用人策略

你一定听说过“三个和尚没水喝”的故事，为什么只有一个和尚或者两个和尚的时候他们有水喝，出现第三个和尚之后就没有水喝了呢？这是因为，个体存在惰性和依赖性，在群体活动过程中，由于责任相对分散，导致一种损耗现象的出现，这是管理中经常遇到的难题。

人们通常认为，在具有共同利益的群体里，团队成员一定会为了实现这个共同利益而采取集体行动，但是事实并非如此。有心理学家通过研究发现，将这个结论作为假设并不能很好地解释和预测集体行动的结果，事实上，大多数时候，合乎集体利益的集体行动并没有发生。相反，偶尔还会出现一些个人自发的自私自利的行为，而这往往对集体不利，甚至产生极大的危害。

这就意味着，一个集体成员越多，以同样的比例正确地分摊关于集体物品的收益和成本的可能性越小，搭便车的可能性越大，所以离预期中的最优化水平也就渐行渐远。

心理学家发现现实中确实存在所谓的“社会浪费”现象，它指的是在团体作业过程中，个人的工作效率会随着团体人数的增加而逐渐下降。管理者要警惕这种现象，灵活运用“加法”与“减法”法则，使人力资源达到最优化。

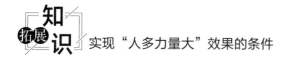

拓展知识　实现“人多力量大”效果的条件

事实上，集体解决问题的优势在于，所掌握的知识更多，具有更多的特长，在解决无法依靠个人完成的任务中具有更大的优势，可以将一个问题分割成几个不同的相关部分，由团体协作完成。但是团体中的个人会因为要处理与他人的关系，而使得工作效率下降。再者，团体作业对个人的创造性也会有所阻碍，因为人们常常会由于害怕自己表现得与众不同而放弃一些具有独创性的思路或者方法。

由此可见，集体行动有利有弊，其结果也会出现“人多力量大”和“人多力量小”两种结果。

为了避免“人多力量小”情形的出现，可以从以下两方面着手：

（1）使团体成员之间出现“收益不对等”的情况。假设个别成员从集体行动中得到了比其他人更多的利益，那么他为集体行动做贡献的积极性就会更高。

（2）使团体成员之间存在“选择性激励”现象。如果依据业绩、成就来实施绩效考核，那么就会出现“人多力量大”的结果。

第六章

用人“狠”一点，有利于凝聚团队力量

人们常说：“慈不掌兵。”过于仁慈，是将领带兵打仗的大忌。同样，作为一个管理者，也应具备杀伐决断的气质，如果做事总是有妇人之仁，那么后果很可能是企业中的杂草渐渐长大，甚至夺走作物的营养。有成效的管理者懂得恩威并施，杀伐决断，这样才能带出一支“铁军”，并带着他们走得更长远。

不要总打温情牌，不用任何一个多余的人

太平天国定都天京以后，洪秀全在天京滥封王爵，直到太平天国运动失败为止，整个太平天国竟然出现了2700个王爵。结果这些王爵一个个自立为王，拥兵自重，出现了彼此争权夺利的现象，最后发生了诸王内讧的“天京事变”，从此太平天国一步一步走向败亡，最终退出了历史舞台。

与此相似的还有很多，比如，东晋著名的“八王之乱”，也是因为皇帝封王太多，最终导致权力失衡，使整个国家因为内战而逐渐衰败。

由此可见，在任用人才的时候，不能贪多，而应秉持“不用任何一个多余的人”的原则。这样做，对于一个企业来说，具有以下两方面的好处。

1. 可以保证企业的工作效率

随着市场经济的快速发展，“兵不在多而在精”的企业管理理念越来越被企业管理者重视。但是，有一种现象在企业中并不少见，那就是明明一个人足以胜任的工作，却偏偏安排好几个人共同来做。这种现象，表面上看是企业本身的制度问题造成的，实则是管理者用人错误造成的，它将带来企业工作效率低下的问题。所以，不用多余的人是保证一个企业的工作效率的必要条件。

2. 可以保证企业秩序井然

近些年，大多数企业都在进行内部改革。在这方面，很多公司实行了下岗分流政策，削减了不必要的机构和冗员，这样的做法不仅减轻了企业的财政负担，还大大提高了企业的行政效率。精简裁员，也使许多面临财务危机的企业从财政亏损转为盈利状态，各个机关和部门变得井然有序。

做企业不是做慈善，不是人多了，事业就会越做越大；也不是在参加拔河比赛，不用产生“人多力量大”的效应。作为企业管理者，应根据企业的实际情况来分析得出需要用人的数量，不能盲目贪多，否则很可能导致企业出现机构臃肿的局面。对于多余的人，要及时清除，这样企业才能健康平稳地向前发展。

此外，随着生产技术的日益改进，工种的合并或者分散，企业规模的扩大，一些岗位形同虚设，根本派不上什么用场，也会出现人员过剩的情况。

一位炮兵军官走马上任后，便开始在自己管辖的范围内进行军事演习。在视察过几个部队之后，他发现了一个奇怪的现象：不管哪个部队，在进行演习时，其部队长官都会在炮管下安排一名士兵。

于是，在接下来的视察中，他就问一些长官这样做的缘由，他们回答：“我们都是严格按照演习的规则来进行演习的。”这样的回答显然不能令军官满意，后来，他翻阅了很多军事方面的文献资料，终于弄明白了其中的缘由。

原来，军队在早期作战的时候，军事设备比较落后，只能用马车将大炮拉到战场上去。大炮在发射的过程中会产生很强的后坐力，这样很容易影响大炮发射的准确度。为了能够快速调整因后坐力而导致的发射偏差，必须安排一名士兵在炮管下牵马。

后来，军事设备得到了改良，不再需要马车，也就不再需要牵马的士兵，但是由于军事规则没有及时更改，部队在演习的时候依然沿用以前的制度，于是便出现了令这位军官感到奇怪的事情。

企业管理同样如此，如果管理者忽略了一些虚设的岗位，将会影响公司的收益，因为处在这个岗位上的员工不仅不能为公司创造价值，反而还要从公司领取固定的工资。

拓展知识 麦肯锡：Up or Out 法则

麦肯锡只录用精英人才，而能留下的则是精英中的最优秀人才。这主要源于麦肯锡在用人机制上采用的是“Up or Out 法则”，也被称为“不进则退”法则，具体内容是每一位麦肯锡咨询人员在同一职位上工作的年限是2～3年，如果在这个期限内，他没有获得晋升，那么他只能别无选择地离开。一般情况下，入职麦肯锡的每6～7个咨询顾问中，仅有1～2人能最终晋升为董事，其余人员则全部离开。这就是说，大约有80%的员工将会离开，留用率仅为20%。所以，“Up or Out 法则”是麦肯锡所有员工的生存之道。

这个法则的实施，可以产生两个效果：一是让员工产生危机意识。员工们想要被留用、得到晋升，就必须在工作中付出努力，并主动提升自己的知识水平和专业素养，尽最大努力将工作完成得很出色，这样才能被认可，才能被尊重，才能在麦肯锡有更光明的前途，否则一旦懈怠就很可能会被淘汰出局。二是让员工产生竞争意识。运用“Up or Out 法则”可以增强员工的竞争意识。因为麦肯锡是一个人才荟萃、卧虎藏龙之地，每个人的能力和业绩都不相上下，只有让自己脱颖而出，才能获得更高的职位和更高的荣誉。

“Up or Out 法则”也体现了达尔文“优胜劣汰，适者生存”的人类进化法则，人类只有拼搏和创造，才能生存下来，并寻求发展。没有劳动就没有收获，懒惰散漫只会让人停滞不前，进而落伍，最终被淘汰出局。

打破“酒与污水定律”，及时、严厉处置害群之马

在管理学中，有一个有趣的定律叫“酒与污水定律”，它的内容是，把一汤匙酒倒进一桶污水中，得到的是一桶污水；把一汤匙污水倒进一桶酒中，得到的还是一桶污水。由此可见，污水和酒的比例并不能决定这桶液体的性质，真正决定它的性质的是污水，只要有它，再多的酒也会成为污水。

在生活中，人们常常用“一粒老鼠屎坏了一锅汤”来形容某个害群之马，他们总是会对整体造成较大的负面影响。他们就像果箱里的烂苹果，如果不及时处理，就会迅速使其他好苹果腐烂，这些烂苹果的可怕之处就在于那极大的破坏力。

其实，不管在哪个企业里，都会存在那么几个像“污水”“老鼠屎”“烂苹果”一样的员工，他们整天只说不干、胡乱捣蛋，这些行为不仅影响其他员工的工作热情，还有可能成为阻碍团队前进的绊脚石。

作为管理者，要充分认识和了解每个员工的工作能力和工作态度，以此减少和阻止那些害群之马给其他员工带来负面影响。要知道，团队的团结和纪律的严明是企业生存和发展的通行证，所以，管理者要对团队中那些不务正业的员工时刻保持关注，提高警惕，该批评时一定要批评，不要留情面，

不能手软，不能姑息迁就，必要时要毫不犹豫地做出开除的决定。只有这样，才能保持团队的凝聚力和竞争力。

人的性格呈现出多方面的特征，不同员工的为人处世、对待工作的态度会因其性格、自身修养等因素而表现各异。有的员工兢兢业业、开拓创新，也有一些员工敷衍应付、背地捣乱。那么，管理者怎么才能认清员工的真面目，并对他们进行相应的管理呢？

这里总结了几种常见的不务正业的员工的一些行为和特征，这些多数是令人不能容忍的，管理者应对其予以批评，严重的话可以考虑将其从团队中清除出去。

1. 只说不练型

这类员工谈起工作来夸夸其谈，头头是道，但是真正落实到行动上的却很少，也就是净耍嘴皮子不做事。他们的存在，不仅会影响其他员工的情绪，还会败坏整个团队的工作作风。

2. 得过且过型

这类员工没有工作热情，没有干劲，缺乏责任感，他们只是抱着“混”的心态来应对工作。对待工作草率、马虎，自己分内的事也不能做好，极其不负责任。也就是，他们得过且过，当一天和尚撞一天钟，至于这钟撞得好不好、声音是否响亮，他们根本不在乎。

3. 八卦型

在一个团队中，总有几个制造谣言、传播谣言的人，他们最喜欢做的事就是搬弄是非，唯恐天下不乱。有时，他们为了达到不可告人的目的会故意制造谣言和散布谣言。尤其是面对强劲的竞争对手，他们会通过卑劣地散布谣言的方式来制造事端或者诋毁、中伤对方，这对整个团队的凝聚力会造成严重影响。

4. 钩心斗角型

一个团队需要扎扎实实做事的员工，也需要足智多谋的智者，但是，绝对不欢迎爱算计、喜欢钩心斗角的人，尤其是那些为了一己私利而出卖人格、出卖道德、出卖朋友的卑鄙小人。

然而，事实上，争名夺利、钩心斗角的“办公室政治”屡见不鲜。管理者对此绝不能视而不见，袖手旁观。

5. 唯我独尊型

这类员工常常以自我为中心，在工作中我行我素，其他员工很难与他们合作，他们甚至连领导也不放在眼里。他们听不进别人的反对意见，没法接受批评，自然不利于工作的整体推进。

6. 心胸狭隘型

此类员工多少有些才气，就因为有这点才气，他们才表现得骄傲自负，容不下别人。然而，他们又看不得别人超越自己，没有容人的雅量，所以这种员工多数群众基础不好，常常和同事之间发生一些磕磕碰碰的事情，别人也不愿意和他们交往。

7. 阿谀奉承型

这种员工没有将心思用在做好本职工作上，他们总是寻找机会和领导拉关系、套近乎，以求得领导对自己的庇护和“照顾”。他们对工作心不在焉，一副得过且过的样子。他们不愿意付出辛苦努力，只想通过投机取巧、走捷径的方式来获取成功。

8. 爱抱怨型

这种员工在工作中稍微遇到不顺就会牢骚满腹，对别人说三道四，这会严重影响其他员工的积极性。他们对许多事情都看不惯，总是胡说乱讲，传播消极思想，这对其他员工尤其是新员工的成长极为不利，其危害不容小觑。

任何管理者都不会希望自己的企业内部出现员工不团结并影响工作的不良现象。所以，为了确保工作的正常进行，管理者应对以上几种害群之马采取果断的措施予以清除，否则将会后患无穷。

拓展知识　管理害群之马的招数

被贴上害群之马的标签的员工，就像是一个烫手的山芋，将其开除有些可惜，而且可能会影响大家工作的积极性。若是不开除，他常常会让领导难堪，影响领导开展工作和管理员工。那么该如何管理企业里的害群之马呢？

下面三种办法可供管理者参考。

1．冷落法

在一定的时间范围内（最好不要超过一个月），尤其是在任务重、其他员工都异常忙碌的情况下，不给他分派任何工作，对其不闻不问，让他自己去静思己过，直到他按捺不住来找管理者谈话的时候，管理者就可以掌握主动权了。管理者可以热情地接待他，用换位思考的方式来和他沟通，让他认识到自身的不足之处，主动提出合作方案。

2．打赌法

瞅准机会，当这个害群之马当众让管理者下不来台的时候，管理者可以突然发难，反将其一军，变被动为主动，和他面对面打赌，并约定输赢规则。当然，所赌的内容要以工作为主，通常是他认为不可能的事情。作为领导，要选择有必胜把握的事情来赌，并做出样子来给他看，这样他才能乖乖地服从管理。

3. 激将法

管理者可以从集体中找出一个平时默默无闻、踏实努力的员工，私下帮助他做出成绩，并不断发现他工作态度上的闪光点，在公开场合多次对其表扬，同时批评那些害群之马的行为和做法，先将其嚣张气焰打压下去，再给自己找一个合适的理由和支持者，让大家看到你做事公平、公正的一面。接着静观其变，当他做出一点点积极改进的时候，及时给予表扬，让其慢慢服从管理。

有功之臣，犯众怒也得“下课”

西洛斯·梅考克是美国国际农机商用公司的董事长，他管理公司很有一套，做事喜欢坚持原则，比如，如果有人违反了公司的规章制度，他绝不会留情面，坚决按规章处罚。

有一次，一位与梅考克并肩作战十余年的老员工违反了公司的规章制度，他酗酒闹事，迟到早退，按照公司管理制度的相关规定，应给予他开除的处分。

那个老员工接到公司将开除他的决定后，火冒三丈，他气愤地说：“当年公司债务累累，我与你患难与共，即使三个月不拿工资也没有任何怨言。如今犯这点小错，你就要把我开除，真是一点情分也不讲！”

梅考克心平气和地对他说：“你是老员工，更应该清楚公司的制度……再说，这不是你我两个人的私事，我只能按规定办事，不能破例！”

这是一个典型的管理有功之臣的案例。在这个案例中，管理者梅考克并没有因为对方是与自己同甘共苦的亲密战友而手下留情。

在现实中，涉及关键岗位的员工的问题，尤其是老员工的人事变革，从来都是管理者进行人事体制创新的难题，尤其是牵涉企业市场体系的人事变革时，更是难上加难。这是因为，一旦这些直接掌握着客户资源的骨干人员出现变动，即使在将个人销售体系转化为企业整体销售体系方面做得再好的企业，都可能会出现类似于“某某带着原来公司的客户资源自立门户单干去了”“某某带着公司的客户资源跳槽了”“某某不仅带走了公司的客户资源，还带走了公司的业务骨干”等情况。这背后，许多企业在这一场场人事变革的“大地震”中尝到了苦头。也因此，老员工离心离德，管理者要对他们“痛下杀手”总是有很多的顾虑。

那么，对于那些绊脚石功臣，管理者应该怎么让他们体面地离开呢？

1. 适当提升业绩指标，明显提高薪酬

这一步骤十分关键，它的顺利实施将为下一步措施的顺利进行奠定良好的基础，同时有助于激励整个公司的士气，尤其是销售人员的士气。此外，对于公司现有的客户资源以及相应职位的接班人来说也是一个很好的考验。单从这一点来说，在人事变革前也要在人力资源方面未雨绸缪。

2. 让预定接班人上手

可以让接手客户资源的预定接班人担任老员工的助手，将其安排在老员工身边，不仅能接受经验丰富的老员工的指导，还能增加与客户接触的机会。当然，这种方法仅适用于老员工无私、愿意指导的情况，否则很难实现。所以，对于那些别有用心的绊脚石，人事变革一定要秘密地进行。

3. 增加与重点客户的联络

公司可以利用各种机会，如客户的纪念日、公司重要管理人员的生日等契机，加强双方的沟通和联络。方式可以灵活多变，如召开商家联谊会、对重点客户登门拜访等，都可以加强与客户的感情。当然，在此之前，公司要对客户资料进行汇总，全面掌握不同客户的资讯。

4. 为绊脚石举办欢送会

如果这些员工意识到自己在企业里已无立足之地，主动提出辞职，那么企业可以给他们举办一个欢送会，以此给其他员工传递这样一个积极的信息：团队不会卸磨杀驴，只要你对团队做出了贡献，团队就会惦记着你；即使你已经无法适应团队的发展，在即将离去的时候，团队也会对你很友好。

在一个公司内部，总是会有一些资格很老的员工，他们为公司或者部门的发展立下了汗马功劳。但是，随着时间的推移，他们可能成为公司或者部门继续发展的绊脚石。对待绊脚石的唯一方法就是，本着照顾他们感情的原则，果断而坚决地进行人事变革，还团队一片勃勃生机。

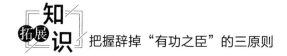

拓展知识　把握辞掉“有功之臣”的三原则

或许一些员工曾经为公司的发展殚精竭虑，但是如果他们就此停下脚步，不思进取，每天躺在过去的功劳簿上睡大觉，那么，相信没有一个管理者可以容忍这种行为。因为企业需要的是能真正解决问题、勤奋工作的员工，而不是那些曾经为企业做出过贡献，如今却阻碍企业发展、不积极追求进步的员工。

要想搬开这些绊脚石功臣，顺利实现人事制度的变革，管理者应该重点把握三个原则：

（1）实现大多数客户资源的顺利过渡。这是首先要解决的问题，也是应该着重解决的问题，否则公司很可能会在一定时期内元气大伤。

（2）照顾其他员工的感受。在处理这件事的时候，管理者要非常慎重，不要因为对部分绊脚石的处理，而令其他员工产生公司卸磨杀驴的不好看法，让他们寒心。

（3）应尽量避免因人事变革而引起整个管理和市场体系发生较大的波动。换句话说，就是要防止这次人事变革引起绊脚石功臣所亲近的人的离开，这将会导致大的人员的动荡。

要确立权威，不妨杀一儆百

自古以来，德才兼备的领导者都懂得以德服人的重要性，所以，对员工实行“德治”是很多领导者比较喜欢采用的管理方式。“德治”的好处是那些犯错的员工会感激你的“不杀之恩”，通过努力工作来报答你。而严格的管理会让员工对领导者产生一种畏惧心理，在工作中他们会因为害怕出错而变得畏首畏尾，不能放开手脚，这样是很难取得成就的。

当然，这并不是说，管理者就不能实施严格的管理，在一些特殊情况下，管理者对待员工还是应该当严则严。比如，很多员工出现了懒散的现象，在提醒之后这种情况依然没有改观。这时，管理者就可以抓一个典型，杀一儆百，给其他员工敲响警钟。聪明的员工一定能明白其中的深意，从而自觉纠正自己的不良态度。

李女士任职于一家民营高科技企业，担任人事主管一职，主要负责公司的行政、人事、后勤等工作。

上任之初，李女士发现，这家公司存在着很多问题，比如，大多数员工对工作没有热情，上班时，用公司电脑打游戏的现象经常出现。不仅普通员工，就连一些部门的主管也沉迷于打游戏。

为了遏制这种不正之风，李女士制定了一系列规章制度，严禁在公司电脑中下载、安装电脑游戏，如果谁违反这个规定，第一次给予记大过的处分，第二次扣罚全年奖金，第三次直接开除。

然而，这项措施实施以后，那些懒散的员工只是收敛了几天，就恢复了原样，玩游戏的风气依旧未能改变。李女士对此很头疼，她调查后发现，原来员工们玩电脑游戏屡禁不止要归咎于一些部门领导的“带头”作用。所谓“上梁不正下梁歪”，针对这种情况，李女士决定杀一儆百，以示警醒。

一天早上，李女士和公司的一些检查人员来到办公室进行突击检查，果然捕捉到一些手忙脚乱关闭游戏画面的情景，李女士毫不犹豫地对那些主管、领导予以处分。杀一儆百的效果立竿见影，看到领导都受到了处罚，员工们再也不敢在上班期间玩游戏了。

从上面的例子中可以看出，公司存在一股跟风潮流，一个人玩游戏，其他人纷纷效仿，尤其是有领导“榜样”在前，下属自然肆无忌惮。李女士的做法无疑是杀鸡儆猴，此举的目的就是要改掉员工们在上班时间玩游戏的恶习，重塑良好的工作氛围。

管理者一味地退让只会让下属觉得自己软弱可欺，进而让自己在他们心中的威望消失殆尽。不过，如果能够及时采取措施，处置那些置公司纪律于不顾、不服管教的害群之马，那么自己的威望很快就能树立起来。反之，如果做事总是犹豫不决，那么，自己的形象、威信就会大打折扣。

纪律是维持秩序的必要手段，必要的时候，用它来管理那些不听话的员工是一种正确的选择。但是，管理者需要注意的是，在杀一儆百之后，还要善于用人情来感化那些被处理过的人。

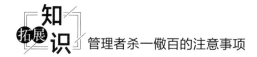

拓展知识 管理者杀一儆百的注意事项

在很多员工都存在某一问题的时候，只对其中的一个人做出严厉的处罚，这样会对其他员工起到很好的警示作用。这就是管理中的“杀一儆百”，但是在实施这一措施的时候，需要注意以下几点：

1．不宜经常采用这种处罚方法

这种处罚方法不可以经常使用，否则可能会打击员工们的工作积极性，不敢做领导没有规定的事情，这样容易限制员工的创新能力。所以，只有在合适的时机采用“杀一儆百”的措施，才能真正起到警示作用。

2．找准合适的机会

当大多员工出现错误，领导者管理起来很费劲或者无从下手，而员工又意识不到或者明知故犯的时候，就可以采取“杀一儆百”的管理措施了。如果只是一两个人出现问题，就没必要这么兴师动众了，只需要对个别人员做出一定的处罚即可，否则只会让员工认为管理者在滥用私权。

3．选对合适的对象

在实施这项惩罚措施的时候，管理者不能随便拉一个人就不分青红皂白地处置一番，而要选对合适的对象。而合适的对象可以是那些把问题升级的人，也可以是那些犯错比较严重或者次数比较多的典型员工，处罚这类员工不会引起其他员工的不满。如果管理者拿那些犯错并不太严重的员工开刀，就会让下属认为你是故意针对某个人。

4. 掌握处罚的力度

处罚不能太轻，否则起不到警示的作用。如果只是象征性地轻微处罚，不会对犯错的员工造成多大的影响，其他犯错的员工也会觉得无关痛痒。所以，在这种情况下，只有拿出具有杀伤力的处罚措施，才能达到让其他员工警醒的目的。

摒弃多余的管理层级，实施扁平化管理

为什么企业界一直在呐喊“要大力提升执行力”，却总是无法取得相应的效果呢？其中一个最重要的原因就是企业内部管理层级太多，官僚作风盛行。

在一些企业里，管理人员非常多，导致大家明争暗斗，互相压制，那些能力强的员工没有说话的权利，自然没有施展才华的机会，最后只能无奈选择辞职。管理人员过多，不仅会导致公司上下执行力低下，还会增加公司的管理成本，导致公司的产品失去竞争力，最终被市场淘汰。

海尔集团总裁张瑞敏在公司并购的过程中，创立了一套“休克鱼理论”。所谓“休克鱼”，就是鱼因缺氧而鱼肚朝上漂在水中，看上去像是死了，但是换个干净的水池还能活过来。企业界也存在类似的现象。

比如，某个企业因管理成本过高，导致市场萎缩，资不抵债，看似要倒闭，但是只要压缩管理层，大力消减管理成本，公司又会重新恢复活力。

总之，管理人员过多往往是导致公司效率低下、人才流失的重要原因。

事实上，世界经济发展到今天，越来越多的迹象表明，管理阶层过剩已经成为一个普遍存在的问题。随着科学技术的不断发展和进步，在如今的市场竞争中，企业规模已经不再是决定其最终命运的关键，灵活性和适应性才

是其立于不败之地的决定性因素。

随着信息技术的发展和知识经济时代的到来，企业所面临的经济环境也正在发生着翻天覆地的变化。借助多媒体技术、卫星通信技术、网络传输技术和安全加密技术等现代高科技手段，通过功能强大的办公软件，就可以轻松实现对大量数据信息的集中快速处理，并能在第一时间将公司所有有着较高价值的信息传递给高层决策者。这一办公模式从根本上动摇了经典管理理论中管理幅度论的理论基础，使那些原本只发挥“信息中转站”作用的中间管理层人员完全沦为多余的人。

那么，如何才能将企业中的管理人员减至最少呢？最好的办法就是在企业内部构建扁平化组织结构。所谓“扁平化”，就是减少中间层次，增大管理幅度，促进信息的传递和沟通。扁平化组织结构是时代发展的产物，迎合了时代发展的需求，即使在西方公司中也经常被应用。

可以说，构建扁平化组织结构是企业管理发展的必然趋势。在如今这个知识型社会中，人才都有自己某方面的技能，而且凭其自身的素质和工作能力完全可以独立操作业务，无须管理人员进行监管。这样一来，公司管理层的功能必然被弱化，以便给人才腾出更多的自主空间。运用扁平化管理模式，有诸多好处，它可以帮助企业构筑新模式，组建新机构，再造新流程，变集权式管理为扁平化管理。此外，它还能突破次序、等级结构的界限，突破部门和职能职责的界限，变分散管理为集成管理，从而完成对公司的整合。

具体来说，实施扁平化管理分为以下几个步骤：

1. 构建扁平化的组织

扁平化管理包括信息的扁平化、组织机构的扁平化和业务流程的扁平化三个方面的内容。实施扁平化管理，首先要进行组织结构的扁平化，它将为扁平化管理的运用提供平台，然后再在这个平台上不断地进行业务流程的优化，并为信息的扁平化提供物质载体。

2. 构建企业内部的信息网络

信息网络的畅通无阻是保证组织高效运转的一个必要条件。就目前来讲，企业的部门、组织通常是基于某种职能而设立的，这就不可避免地会出现不同部门为了自身的利益而各自为战的局面，从而失去协同作战的能力。所以，企业在对组织结构做出调整的同时，需要建立相应的制度来保证信息网络的畅通。

3. 构建企业外部的信息网络

随着互联网技术的发展，外部信息的获得大多是通过网络来完成的，这就使得信息的获得越来越具有同质性的特点，因此，谁能获得第一手信息，谁就能抢先一步进入市场，从而抢占先机。

拓展知识　美国通用电气公司的“扁平化管理”

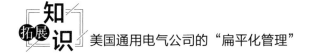

曾担任通用电气集团CEO的杰克·韦尔奇在集团内部进行了一项被他称为“减少层次”的策略行动。这次行动的主要目的是创立一种不拘泥于形式的、开放的组织机构。

在通用电气集团内部，过多的管理层次引发了许多不必要的麻烦，这对在集团内部培育开放性思维造成了阻碍。

在进行这次行动之前，集团内部的管理结构异常臃肿，几乎公司的每一个员工都有一个或大或小的头衔，据统计，大约有25000位经理，有500位高级经理，还有130位副总裁及以上级别的管理者。这些领导者的职责就是监督其下一级经理的工作行为，同时对各种公司文件进行上传下达。

20世纪80年代，通用电气公司的一部分工作流程是事业部主管需向资深副总裁汇报工作，而这些资深副总裁需向执行副总裁做工作汇报。而所有的资深副总裁和执行副总裁都要管理自己的下属员工，有自己的职责范围。韦尔奇后来直接废除了这些繁文缛节，要求业务主管们直接向他和两位副董事长汇报工作。

通过废除横亘于CEO和各事业部主管之间的管理层次，韦尔奇实现了与业务主管之间的无障碍交流。管理层级也从原来的9～11个减少到4～6个。

通过实施这一策略，韦尔奇彻底改进了20世纪60年代深植于组织内部的官僚系统，节省了大量的管理成本，更重要的是，提高了管理效率，使公司的经济效益获得了大幅提高。

第七章

授权与提拔，让员工发挥最大潜能

如果事必躬亲，管理者不仅自己会身心疲惫，也无法使员工的能力得到锻炼。一个人的精力是有限的，要想用有限的精力做出无限的业绩，就要学会授权，让下属分担自己的重任，一起创造辉煌。事实上，那些精明的管理者都是精通授权之道的人，他们大胆任用自己的下属，心甘情愿地将权力下放。

事必躬亲不可取，领导要学会授权

管理是一件极其复杂的事情，尤其是对那些已经做大、做强的大型企业的领导者来说，大事小事不计其数，如果仅靠管理者一个人的力量去处理、完成，那么，即使这个管理者有三头六臂，恐怕也无济于事。

思科公司的总裁约翰·钱伯斯非常乐于授权给下属，对此，他曾这样评价："也许我比历史上任何一家企业的总裁都更乐于放权，这使我能够自由地旅行，寻找可能的机会。"

事实上，最有能力的总裁并不一定是那些大权在握、搞集权政治的总裁。钱伯斯认为，一群人总是能打败一个人。如果拥有一群精英，那么就有机会建立一个王朝。

管理及领导权威史蒂芬·柯维也在其全美畅销书《高效能人士的七个习惯》中写道："有效授权也许是唯一且最有力的高杠杆作用行为。"这些无一不表明授权的价值。

那么，授权有什么益处，使其对有效率的管理者来说显得如此重要？

1. 节省时间

作为管理者，需要掌控处理很多事情，但是一个人的时间和精力毕竟是有限的，若能将一部分工作分配给别人来做，那么自己在时间上的压力就会减轻不少。一般来说，担任管理的职位越高，所花费在具体事务上的时间应该越少。相应的，管理者应该将更多的时间用来筹划如何授权，从而更好地“抓大放小”，从总体上进行把握和布局。

2. 可以实现总体领导目标

任何一个总体目标都是由若干个低层次的目标组成的，作为管理者，要实现总体目标，最好的办法就是将这个较大的目标分成若干个小目标，再由专人负责实现不同的小目标，这样可以减少精力分散，并让各级领导者齐心合力，为了实现总体目标而努力。

3. 发挥下属的积极性、主动性和创造性

授权其实是领导者智慧和能力的延伸和放大，它可以使组织中的局面由领导者一个人忙得不可开交，下属员工一个个无事可干，变成整个组织所有的员工都忙起来，而且忙得相当有意义。

4. 使下属的能力得到锻炼

领导注重授权有助于下属在工作中得到锻炼，有助于他们提高各方面的能力，从而使其得到全面发展。如果所有下属的能力都得到了锻炼和提高，那么员工的整体素质水平就可以随之提高。

总之，授权是一种非常重要的领导方法，也是一种精巧的用人艺术。所以，管理者要充分意识到其重要性，还应在工作实践中认真地摸索，在运用中学会合理授权、有效授权。

拓展知识 根据员工长处授权的简单要点

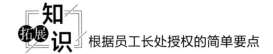

每个员工都有自己擅长的领域，也有不太熟悉的方面，管理者在授权的时候应该做到人尽其才，大胆起用对某一行业或者某个岗位的工作比较精通的人才，授予他们充分的权力，让他们具有自主决定的自由，这样能够激发他们工作的使命感，这是管理者实现成功管理的简单原则，也是适应公司发展潮流的必然要求。

下面是一些根据员工长处授权的简单要点，以供参考。

1．要明确所要解决的问题

要想对授权的对象进行有目的的筛选，首先要明确此次授权想要达到什么目的，想要解决什么具体的问题，对于这一点，管理者必须做到心中有数。这一要求尤其适用于一些具体性的工作，如设计、规划、谈判等。

2．人员筛选要做到定性定量

也就是说，管理者要制定衡量行动结果的标准，使人员的结构能够通过最简单、最直接的数据表现出来。只有这样，才能使被授权者对行动的价值有充分的认识。

3．规定在一定时间内完成

在授权的时候，管理者必须规定明确的时间期限。这样被授权者才能针对某一阶段要完成的任务全力以赴，即使中间出现浪费时间的情况，也会想方设法弥补。

把握授权的原则，让授权更有效

有效授权可以帮助管理者从繁忙的事务中脱身，专注于瞄准团队的战略目标，同时它也是一种培养梯队的有效办法。更重要的是，授权可以让下属感受到开启自己智慧的快乐，而不是限定在一个固定的圈子里只做一些枯燥重复的事情，所以这样更能调动他们的积极性，从而盘活整个团队。

然而，授权并不是一件简单的事情。要想让授权达到理想的效果，管理者必须把握好授权的原则。

1. 目标原则

实现管理目标是管理工作的最终追求，管理者所选择的权力授予者应具有实现管理目标的能力。

此外，授权的目的是让被授权者有充足的职权来顺利完成所托付的任务，所以，管理者在授权的时候首先要考虑所要实现的目标，然后再决定给予下属多大的处理问题的权限。

2. 举贤原则

授权不是简单的权力和利益的再分配，而是在对下属的素质有了详细的了解后，根据不同员工的能力和特长做出授权安排，并保证权才相符。

相反，权才不相符，很可能会产生不利的影响和后果。如果授权过重，很可能会超出对方的能力与承受限度；而授权过轻，则不利于发挥下属的积极性，让其尽职尽责。

因此，授权一定要注意选好授权的人选。如果授权所选的人不当，不但不能达到预期的效果，还有可能大大降低管理者的威信，给自己的组织管理带来一定的负面影响。

3. 无交叉授权原则

具有一定规模的企业，常常分为多个部门，每个部门都有其相应的权利和义务，管理者在授权时，注意不要交叉委任，那样很容易造成不同部门之间的冲突，甚至会导致内耗，影响企业的工作效率，降低整体竞争力。

4. 权责对等原则

授权解决了下属有责无权的状态，并调动了他们的工作积极性。但是管理者在实际授权的过程中要避免出现另一种倾向，那就是有权无责或者权责失当的现象。如果下属有权无责，那么他们在行使职权的时候就容易出现随心所欲、缺乏责任心的情形；如果权大责小，下属在用权时往往会疏忽大意，责任心也不会太强；如果权小责大，下属就不能承担运用权力所需要承担的责任。所以，权与责应该保持对应、对等的关系，授予下属多大的权力，就要让其承担多大的责任。反之，让下属承担多大的责任，就要授予其多大的权力。

5. 逐级授权原则

授权应在上级和其直接下属之间进行，最好不要越级授权。比如，总经理领导部门经理，他就可以直接向部门经理授权，但是不能越过部门经理直接向组长或者一线员工授权。这是因为，越级授权很容易造成工作混乱，使中层管理人员处于被动状态，部门之间的矛盾加剧，上下级之间的工作关系被破坏，这样不利于团队的和谐，以及工作的正常开展。

6. 信任原则

授权必须遵循信任原则，这是授权的基础。管理者既然把权力下放给下属，就应该信任他，不能处处干预，总是对他的言行指指点点。而部属在接受职权之后，也应自觉完成自己的分内工作，不必时时向领导请示和报备。

7. 可控原则

授权后如果撒手不管，对下属的一切不闻不问，必然导致局面失控，而失控就会抵消授权所带来的积极作用，后果不堪设想。所以，对于管理者来说，既要实现授权，又要避免失控；既要调动下属工作的积极性、主动性和创造精神，又要保证自己对工作的有效控制，这应该成为授权工作中必须遵守的一条原则。

因此，管理者在实施授权之前，首先要建立起一套健全的控制制度，包括制定可行的工作标准、适当的工作报告制度，以及能在异常情况下迅速采取的补救措施和制度。

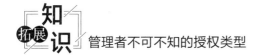

拓展知识　管理者不可不知的授权类型

一般来说，职权的范围根据具体的任命而定。有岗就有职，任职就有权。作为管理者，应该向下属合理授权。这种管理行为是因时因地制宜的，所以就有了以下几种不同的类型。

1．依授权目的而分

根据授权目的，可以将授权分为因人授权和因事授权，因人授权是为特定的人才设置特定的工作，给他们创造一个施展才华的舞台；因事授权是为完成特定的任务授权于特定人员。

2．依授权期限而分

根据授权时间的长短，可以将授权分为长期授权和短期授权，长期授权指的是下属对权力的使用期限比较长，而短期授权则表示下属对权力的使用期限相对短一些。

3．依传达命令的方式而分

按照传达命令方式的不同，可以将授权分为书面授权和口头授权两种类型。顾名思义，书面授权指的是将权力以书面形式授予下属，这种授权方式显得郑重其事，使用期比较长；而口头授权则是将某项工作或者某一项权力口头授予下属，这种授权方式多属于临时性授权或者随机性授权，这种权力往往会随着工作任务的完成而被收回或者自行取消。

4．依授权范围的明确程度和授权方式而分

据此可以将授权分为含蓄性授权和明确性授权。含蓄性授权指的是管理者并未给下属明确的工作权限范围，但是在实际的管理工作中，允许下属以自己的名义和在自己的权限范围内从事管理活动。与此相反，明确性授权则是管理者通过下发正式的文件，为下属规定具体明确的工作职责范围和决策权限，这种授权方式也被称为正式授权。

此外，根据工作的具体情况和下属的工作能力等因素，还可以将授权分为公开授权、充分授权、不充分授权、弹性授权、制约授权等授权方式。

授权前做好准备，让授权有的放矢

授权管理是科学管理中最重要的环节，也是管理方法和管理艺术最集中的体现。如果管理者运用得当，既可以减轻自己肩上的重担，又可以借此锻炼和发现人才。反之，如果授权不当，管理者不仅会被纷繁杂乱的工作困扰，还会节外生枝，惹出很多麻烦。为此，对于管理者来说，虽然已经下定了授权的决心，但也不要轻举妄动。

兵法有云："大军未动，粮草先行。"这句话的寓意为，在行动之前，要做好准备工作。授权也是如此，因为它不是简单地把工作和权力交给下属就行了，而是要经过周密部署、精心准备的。

总的来说，管理者在授权之前应做好四个方面的准备工作：

1. 创造授权氛围

授权不仅是一个工作过程，它还牵扯到人与人之间关系的微妙变化。这种新的气氛是基于合作和广泛的沟通上的，这样下属才能在被充分信任的心理环境和组织气氛中充分发挥自己的聪明才智。要让下属充分意识到，组织要经历一次变革，这次变革带来的不是一些细微的变化，而是包括人际关系、决策方式和工作方式的组织全面改变的深刻变化。所以，管理者在授权之前需要在组织内部创造一种适于授权的氛围。

2. 选取需要授权的工作

在正式授权之前，管理者需对必须完成的任务按照责任的大小进行分类，责任不同，对应的工作种类不同，就会有不同的授权要求，通过这一步，管理者可以得到一张“授权工作清单”。该清单将需要授权的工作分为四类。

（1）必须授权的工作。这类工作本不该管理者亲自去做，它们之所以留到现在还没有被解决，主要有两个方面的原因，一方面是管理者习惯于自己亲自完成；另一方面可能是因为管理者不愿意把这些任务交给别人去做。对这类工作授权的风险最小，即使出现一些失误，也不会影响大局。

（2）应该授权的工作。这类工作通常是例行日常公务，且下属完全能够胜任，下属对此比较感兴趣，觉得有意思或者有挑战性，管理者却由于某种原因没有将其交给他们去做。

（3）可以授权的工作。这类工作常常具有一定的难度和挑战性，它要求被授权者具有相当的知识和技能才能胜任，管理者可能由于不放心交给下属而长期亲自来做。事实上，只要管理者注意在授权后对被授权者进行完成工作所需的训练和指导，把这类工作交给下属，不但可以减轻自己的工作压力，还可以给下属提供锻炼的机会。

（4）不能授权的工作。在每个组织中，总有一些工作是关系到组织的前途、命运和声誉的核心工作，它们关系到管理者的业务拓展，一旦失误，将会让自己和组织付出惨痛的代价。还有一些工作也属于此类，即只有管理者本人才能完成的工作，所以也属于不能授权的工作。

3. 将任务标准化

有一些在授权过程中受挫的管理者，或者抱怨被授权者总是不停地去请示这件事该怎么做，那件事该怎么做；或者抱怨下属不能理解自己的意思，无法按照自己的要求做事；或者抱怨工作报告不能令人满意；等等。

出现这种情况很大一部分原因是管理者没有弄清自己做工作和让下属做这些工作的要求是不同的。管理者交给下属的工作必须是标准化了的工作。

这个标准化体现在以下几点：（1）工作任务必须是有明确表述的，必须有清晰的目标和方向；（2）工作完成要有相对稳定的模式；（3）完成工作所需的条件是相对明确的，被授权者在完成任务的过程中知道如何去寻求配合和帮助；（4）工作完成的好坏要有明确的评估标准。

4. 管理者要有承担责任的心理准备

就如同饭店经理要依赖厨师搞好饮食供应，但是他仍要对饭店的饮食供应承担最终的责任一样，管理者虽然将任务交给下属完成，但是仍要对下属的最终行为承担责任。如果接受授权的下属在完成工作的过程中出现了一些失误，这些失误的责任必须同时记在管理者的身上。

拓展知识　管理者授权三要素

一般来说，授权行为是由下面三个因素构成的。

1．权力授予

在指派工作的同时，管理者还要赋予下属一定的权力。管理者所授予的权力应以下属刚好能完成指派的工作为限度，如果所授予的权力超出了下属执行工作的需要，则势必会造成滥用权力的现象。

2. 工作指派

在授权工作中，工作的指派是管理者异常重视的。不过，许多管理者在指派工作时，往往只告知下属工作性质和工作范围，而没有让其了解管理者所要求的工作成效，这可以说是他们管理工作中的一大败笔。因为一旦下属对管理者所期待的工作成效不甚了解，那么他们的工作成果很可能就不能达到一定的水准，即使超过那个水准，从人力资源有效运用的角度来说，这两种情况也是不好的。

此外，并不是所有的工作都能指派给下属去做。一些工作，如工作目标的确立、政策的研拟、员工的考核和奖惩措施等是管理者维持控制权所必不可少的，必须管理者亲自去做。

3. 责任创造

管理者在进行权力授予和工作指派之后，仍要对下属所履行的工作成效负全部责任。这就是说，当下属无法做好指派的工作时，管理者要承担其后果。可是，一些管理者在下属完成指派工作的过程中出现失误时，企图将失败的责任归咎到下属身上，这种做法显然是不正确的。

提拔有才干之人，不埋没任何一个人才

在我们高喊授权口号的同时，还有一个问题不容忽视，那就是如何选择授权的对象。可以说，合适的人选是授权的前提。因为并不是每一个员工都可以担此重任，成为授予权力最合适的人选。只有把权力交给最合适的人，管理才能实现真正的高效。

一般来说，管理者授权的对象应具备以下几种特征：

1. 理解管理者的意图

授权的对象必须是管理者的代办人。即使管理者与他的见解不同，管理者一旦有了新的决定，他也会把这个决定当作自己的决定，同时还会向其他人或者外界的人做出详尽的解释。

2. 忠实执行管理者的指示

对于领导的命令，他都会认认真真地执行。即使遇到困难，他也会全力以赴，忠实执行。这是下属必须严守的重要原则。如果自己的意见和领导的意见产生冲突，他会先陈述自己的意见，陈述之后，如果管理者依然不接受，他就会服从管理者的意见。有的下属在自己的意见没有被采纳时，常会抱着自暴自弃的态度做事，这样的员工是没有资格辅佐管理者的，也就无法

成为授权对象。

3. 勇于承担工作责任

有的员工在自己负责的工作出现失误或者延误的时候，会列出很多理由为自己辩解。但是有的员工总能为自己的过错负起全责，他会对上司说：“是我工作不力，责任心不够。”如果管理者问起产生过错的原因，他也会如实说明，很少为自己辩解，更不会把责任归咎于他人。

4. 将分内的事情处理得井井有条

对于一些例外的事情，身边的人稍有错失，或者是在旁人看来极为琐碎的事情，他从不一一去领导面前请示，他分得清轻重缓急，懂得权衡利弊得失。他对管理者不会有过分的依赖心理。要知道，事事请示不但会增加管理者的负担，也不利于自身的成长。

其实，下属有一定的执行工作所需的权限，他在不逾越权限的前提下，根据自己的判断把分内的事情处理得井井有条，这才是管理者青睐的好下属。

5. 及时、主动与管理者保持沟通

对于自己的工作，他总是能够及时向管理者报告自己的进展情况，尤其是自己处理好的事情，这就能够让管理者了解实情，不至于做出错误的判断，或者在开会时出现尴尬的情况。当自己的工作告一段落后，他不会坐等管理者的命令，而是会及时请求管理者发出指示。如此积极求教的下属，可谓是聪明能干的员工。

6. 明白自己的权限

被授权之人必须认清自己的权限，知道哪些事自己有权做出决定，哪些事是自己无权决定的，绝不能混淆二者的界限。如果发生一些问题，而且又是自己权限之外的事情，那么就要即刻向管理者请示。而且，不能超越直接领导者与上级领导者交涉、协调。这样做等于把直接领导者架空，也破坏了命令系统。被授权者应该深知这种道理，就算因为某种原因不得不与上级领导者联络，也要事先与直接领导者打声招呼，以取得其认可。

7. 负起留守责任

有的下属在领导不在的时候，总是会精神松懈，忘了自己的职责。而有的下属，即使管理者不在，也会负起留守的责任。当管理者不在的时候，他会时刻留心企业内部所发生的事情以及处理的经过，如果有代领导者行使职权的事情，还会将其记录下来，事后会做出详尽的报告。

8. 设法消除管理者的误解

有时候，管理者也会犯错误或者产生误解。事关工作方针或者工作方法，管理者也可能会判断错误，而管理者的这种误解往往涉及下属的晋升、加薪等利益问题。一旦碰到这种情况，能干的下属从不袖手旁观，他总是想方设法帮助管理者消除这种误解。

拓展知识　几种有效的授权方法

常言道："方法决定效果。"管理者在授权的时候一定要注意选择正确的方法，这样才能让授权起到应有的积极作用。

管理者在授权的时候，不妨采用以下几种方法。

1．充分授权

这种授权方法指的是领导者在向下属分派职责的时候，并没有明确指出他具有怎样的权力，而是让下属在自己的权限内充分发挥自己的主观能动性，拟订出履行职责的具体行动方案。这种授权方式虽然没有具体授权，但是等同于将领导者的大部分权力下放给了下属。这种授权方式要求授权对象具有较强的责任心和过硬的业务能力。

2．不充分授权

这种授权方式是指管理者在授权的时候，赋予下属部分权限。不充分授权的形式比较常见，也比较灵活，可因人、因事采取不同的具体方式。但是它需要授权者和被授权者在方案执行之前，就有关事项达成一致的要求，以此统一认识，从而保证授权的有效性。

3．弹性授权

这是一种综合运用充分授权和不充分授权而成的一种混合授权方式。在不同阶段，管理者根据工作的内容可以采取不同的授权方式。这反映了一种动态授权的过程。这种授权方式具有很大的灵活性和较强的适应性。当工作条件、内容等因素发生改变的时候，管理者可以及时调整授权方式，以使工作能够顺利地开展。但是运用这种方法，需要上下级双方及时协调，加强联系。

4．制约授权

也就是说，在授权之后，下属个人之间或者组织之间产生相互制约的效果。管理者将某项任务的职权分成两个或者多个部分并分别授权，这样它们之间就会相互制约，这种授权方式可以有效地防止工作中出现纰漏。比如，财务工作中会计、出纳人员之间的权力制约，就属于制约授权的范畴。

有效监控，让授权具有可控性

不管从事什么行业，想要成功，管理者都要创造一种能使员工高效工作的环境。作为一名管理者，要学会正确利用员工的力量，充分相信他们，并让他们感受到来自领导的信任。“士为知己者死”，一个员工一旦被委以重任，就会产生高度的责任感，为了不辜负领导的信任，他就会尽力施展自己的才能，争取达到目标。

于是，有的企业管理者在交给下属任务的时候，会很随意地说：“这项工作就交给你全权负责，你自己看着办就行了，不必向我请示，有了结果告诉我一声。”这样的授权法只会让下属觉得，这项工作似乎并不怎么重要，领导看起来不太重视，那么自己尽力就好，做不好应该也没什么太大的关系。

不负责任的放权，不仅不能激发下属的积极性和创造性，还会带来消极影响。所以，合理地授权就显得异常重要。

管理者在授权时要清楚，授权不是弃权，信任不是放任。授权后，管理者所应完成的具体事务减少了，但是其指导、监督、检查的工作丝毫不能减少，反而应该增加。要知道，管理者的这些指导、监督、检查行为并不是对下属的工作进行干预，而是一种把握大方向的行为。授权要有一定的可控性，没有可控性的授权，就不是授权，而是管理者弃权。

那么，管理者如何才能做到让授权具有可控性呢？

1. 抓大放小

授权是管理者走向成功的“分身术”，但是在授权时要坚持“抓大放小”的原则，不能将所有的权力都下放，而是应该保留一部分权力。比如，可以将一些无关痛痒的小事交给下属去做，而一些事关全局的，如重要部门的人事任免权，事关企业命运的一些大事、要事的决策权，需要直接处理下属之间发生问题的协调权等，必须由管理者亲自把握。

2. 评估风险

每次授权之前，管理者都应该评估它的风险。如果可能产生的弊害远远大于所产生的收益，那么就考虑不予授权；如果可能产生的问题是由管理者自身造成的，那么就应该主动校正自己的行为。

当然，管理者也不能一味地求稳求保险，通常来说，任何一项授权的潜在收益都是和潜在风险同时存在的，且二者成正比，风险越大，意味着收益也越大。

3. 进行必要的检查

检查的作用在于指导、鼓励和控制。至于检查的程度，则由两个因素决定：一个是授权任务的复杂程度，另一个是被授权下属的能力的大小。管理者可以通过评价下属的工作业绩、要求下属写进度报告、在关键时刻同下属研究讨论等方式来实现对下属的控制和制约。

4. 尽量减少反向授权

所谓反向授权，指的是本该下属完成的工作却交给领导者去做，也被称为倒授权。出现这种现象的原因无非有两种，一方面是下属不愿担风险，怕做不好受到批评，另一方面则是由于领导者本身“来者不拒”。除非遇到特殊情况，否则管理者绝不允许这种现象的发生。解决反向授权的最好办法就是在和下属谈工作时，让他把困难和问题想得更细一些、更全面一些，必要时，领导者可以帮助下属提出解决问题的方案。

5. 审查并改进授权的技巧

有的管理者虽然实行了授权，但是效果不佳。这很大程度上是因为他们没有掌握正确的授权方法，没有按照一定的授权程序来进行，或者没有选对授权对象，或者授意不明，或者忽视了那些必要的检查，或者由于其他方面的原因，导致授权失败。这就需要管理者在事后进行审查反思，并改进授权的技巧，从而做到合理授权。

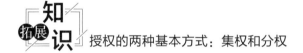

拓展知识 授权的两种基本方式：集权和分权

一般来说，企业经营管理权限的分配方式主要分为集权和分权两种。集权是一种将企业的经营管理权限较多地集中在企业上层的形式，它的特点是企业的决策权集中掌握在企业高层领导者的手中，他们对下级控制较多。而分权则是将企业的经营管理权适当地分散到企业中下层，这种授权方式的特点是上级的控制较少，赋予中层、下层员工较多的决策权。

在企业管理中，“一统就死，一放就乱”的现象普遍存在。集权通常更便于管理，但高度的集权很容易导致权力欲望高度膨胀，进而引发盲目崇拜；分权可以有效地分散权力，使权力不至于过度集中，而且更利于民主化，但是不好管理，可能会产生一些管理漏洞。

其实，权力是一把双刃剑，不管是集权还是分权，企业都应设置与之相配套的管理工具和方法，尤其是在采取分权管理的过程中，实现制度约束的刚性与文化平衡的柔性的完美统一是一种重要的保障。不恰当的集权和不恰当的分权，都会对企业造成严重的伤害。只有把控好风险，才能实现集权和分权的相对平衡。

第八章

多措并举，善用人离不开激发员工的积极性

大禹治水，堵不如疏。善于用人者，往往善于激励人。这是因为，激励在某些方面胜于指责。批评指责只能让员工明白自己错在哪里，激励却能让员工知道正确的做法，并且使其能够主动、自愿地去做。让所有的员工都能自动自发地做好工作，这是一个管理者最大的成功。

掌握原则，增强激励的效果

聪明的管理者懂得激励员工，让他们尝到激励的“甜头”，这样，他们就会越干越有劲，感觉每天工作“有奔头”。如此一来，管理者就能看到显而易见的工作成效，企业的发展就会蒸蒸日上。

对员工进行激励，方法有很多。但是，管理者在实施一些激励措施的时候，首先应保证他们能给团队带来积极的正面影响。因为激励具有一定的风险性，不发挥积极作用，就会带来负面效果。

下面是一些激励的原则，管理者在激励员工的时候如果能注意的话，就会极大地增强激励效果。

1. 与目标相结合

这项原则的内容是，促进团队目标实现的行为和品质，都应该受到肯定；反之，都应被否定。一般来说，值得肯定的行为有解决实际问题，爱动脑，对技术和管理能够提出有效的意见，勇于承担风险，善于抓住机会，工作数量和质量都超出一般水平，等等；应受到激励的员工品质包括团队合作精神，有责任心，无私奉献精神，严格遵守组织纪律，良好的职业道德，等等。

2. 物质激励和精神激励相结合

每一个员工既有获取基本的物质生活的需要，也有获取他人肯定、荣誉和成就等精神层面的需求。所以，管理者在对员工实施激励的时候，应该将两者结合起来，这样才能真正调动员工的积极性。

3. 内在激励与外在激励相结合

根据美国学者赫茨伯格的“双因素理论”，工资、奖金、人际关系等满足员工生存、安全、社交需要的因素都属于外在激励因素，其作用是消除不满，但是不会产生满意度。而那些能够满足员工自尊和自我实现的需要，最能激发员工的力量，可以产生满意度，让员工积极工作的因素则属于内在激励因素，这些激励因素产生的作用比外在激励因素更深刻、更持久。所以，只有两者结合起来，才能达到事半功倍的效果。

4. 正强化和负强化相结合

根据强化理论，强化（激励）可以分为正强化和负强化两种。正强化主要是对员工所表现的符合团队目标的行为进行表扬、奖励等，以使这种行为更多地出现；而负强化，就是对员工违背团队目标的行为进行批评、惩罚，以使这种行为不再发生。显然，这两种强化都是必要的有效的手段，但是负强化效应较大，容易使员工产生挫折行为和挫折心理，处理不好的话，可能会激化矛盾。所以，管理者应坚持以正强化为主、负强化为辅的激励原则。

5. 公平公正

管理者制定和执行激励制度的时候，一定要坚持公平、公正的原则，这是因为，员工评价自己所获得的报酬时，不仅拿它与自己所做的劳动贡献相比较，还会与他人或者以前的情况相比较。管理者在执行激励制度的时候，一定要秉持公平、公正的原则，不带任何偏见和喜好，不表露出任何不公的言行。

当然，由于员工有年龄、成长经历、教育背景、思维方式和推理分析能力等方面的差异，所以管理者在建立激励机制、制定和实施激励措施的时候，应该实施有层次的差异化激励政策。

拓展知识 百分俱乐部计划

20世纪80年代初期，生产纸板蛋装箱的美国戴蒙德国际工厂受到了前所未有的市场冲击。

情急之下，戴蒙德公司的人事经理推出了一个生产率激励计划，即百分俱乐部计划。凡是工作绩效被承认高于平均水平的员工，在评定中都能得到相应的分数，每年在推出计划的这一天公布分数。具体细则是，不管哪个员工，只要他在一年中没有出现任何差错，那么他就可以得到20分……如果员工的分数达到了100分，那么他将得到一件带有公司标志的浅蓝色夹克衫和一个标明“百分俱乐部”成员身份的臂章。如果超过100分，将得到额外的奖金或礼物。如果达到500分，将获得公司赠送的若干股份和更高层次的奖励。

结果，这项计划推行一年多后，工厂的生产效率提高了16.5%，工作差错率降低了40%，对工厂的不满意见减少了72%。

多了解员工，满足其需求可激发工作热情

从表面上看，每一位员工的表现都是一样的：他们每天按时上下班，工作认真、踏实、负责任；有的还会为公司出谋划策，提出一些很有建设性的意见；他们或穿着正规的工作服，或穿着商务休闲服，在工作之余说说笑笑；如果在走廊或者电梯里遇见他们，他们还会毕恭毕敬地与领导者寒暄几句；等等。也许，有的管理者认为，自己不需要特别去了解和探究他们的内心，只要他们将工作干好就可以了。

其实不然，每一个员工并不像他们表现得那么相似，他们有着不同于他人的内心世界，有着不同于他人的经历和故事，有的员工身上甚至发生过极具传奇色彩的故事。了解员工的经历和故事，有助于了解他们是如何通过自己的工作来实现自己的人生目标和伟大理想的。这些经历和故事，既包括工作上的事情，也包括生活中所经历的事情。

比如，发奋学习，发现人生目标，追求梦想，勤奋工作，做出过巨大牺牲，付出过惨痛代价，曾击败竞争对手，以及在危急关头自救并挽救过亲人和家庭，等等。

对大多数人来讲，工作在他们的传奇故事中充当了相当重要的部分，发

挥了十分重要的作用。所以，深入了解员工，让他们的需求浮出水面，根据他们的需求来安排工作，更能激发员工的潜力，使其在自己的岗位上做出不平凡的贡献。

那么，如何根据员工的需求来安排适合他们的岗位呢？下面的寓言故事或许会给管理者带来一些启发。

一只猴子想去城里买东西，但是此行路途遥远，有诸多不便。为了能尽快赶到城里，这只猴子决定坐车去。可是该找谁来拉车呢？

它想来想去，最后想到了一个好主意。

很快，猴子找来了老鼠，并告诉它，想和它一起玩一个好玩的游戏，不过它要闭上眼睛才行。老鼠答应得很爽快，立刻闭上了眼睛。这时，猴子趁其不注意将一根长长的绳套套在了老鼠的身上。

接着，猴子又找来了狗，并故技重施，在狗的身上套了一根短短的绳套。

最后，猴子又找来了猫，同样，在猫的身上套了一根不长不短的绳套，还在猫的背上拴了一根骨头。

当猴子把狗身上的绳套固定在车上，自己坐到车上以后，就大喊："可以睁开眼睛了！"猫一睁开眼睛，就看到了前面的老鼠，狗一睁开眼就看到了猫背上的骨头，而老鼠回头一看，发现了猫。

于是，几乎同时，老鼠、猫和狗疯狂地跑了起来。猴子则扬扬得意地坐在车上，没多大工夫就到达了城里。

在这个寓言故事中，猴子是非常有智慧的。它心里很清楚，猫是不会放过老鼠的，而狗是不会让骨头从眼前溜走的。于是，它给猫提供了老鼠，给狗准备了骨头。为了得到各自想要的东西，就要不断地付出，而猫和狗的付出就是不停地奔跑，当它们开始奔跑的时候，猴子的目的就达到了。

作为管理者，在用人的时候，不妨借鉴一下猴子的智慧。首先，管理者需要弄清下属的一些基本情况，如学历、资历、目标、家庭经济状况等。只有如此做，才能有针对性地分析出不同的下属有什么样的需求。

举例来说，有的员工没有受过多少教育，家庭经济状况一般，只想通过做一些苦力来补贴家用。如果管理者仅仅用满足其虚荣心的较高职位来诱惑他，而不因他的吃苦耐劳多发给他一些工资，他是不会尽心尽力为公司做事的。这是因为，对他来说，职位再高也没有用，只有自己的家庭经济状况得到改善，才说明自己平时的努力没有白费。

正确分析出员工的需求后，管理者就要对他的薪资、职位适当做出调整，把他的需求放在他看得见摸得着的地方。此时，他也会明白，天上不会掉馅饼，要想得到，就要不断地付出。于是，他就会不断付出，希望将那些看得见摸得着的东西真正变成自己的东西。在他的需求得到满足的同时，他也在为公司创造着效益，实现了双赢。

拓展知识　员工需求的特点

一般来说，员工的需求有下面两个特点：

1．层次性

由于每个员工的家庭环境、受教育程度、社会地位等方面各不相同，这就决定了他们的需求也是不一样的。

比如，有些员工家庭经济困难，基本的生活都不能得到保障，那么他们最需要的就是改善家庭的经济状况；有些员工已接近退休年龄，他们不求升职，只是希望福利能够齐全，工作能够稳定；有些员工志向高远，他们对工资不是那么在意，只希望能够不断学习各种知识，积累丰富的经验，为以后的发展铺路；有些员工对目前的状况比较满意，他们似乎什么都不缺，对物质也没有多大的追求，只希望得到上级的尊重、认可和信任。

这样一来，员工的需求就呈现出从低到高的多个层次的特点，最低层次的需求就是保证基本的生活质量，最高层次的需求则是得到精神方面的赞许和鼓励。

作为一个管理者，如果自己花费了大量的时间和精力，仍然不能激发员工的工作激情，那么不妨从这个方面进行反省和思索。

2．转化性

员工的需求不是一成不变的。通常来说，随着外在条件和内在条件的不断变化，员工的需求也在不断提升，从较低层次的需求转化为较高层次的需求。

不吝赞美之词，点燃员工的激情

生活中，其实每个人都渴望得到他人的赞美。所以，一个善于发现员工身上的优点并对这些优点不吝赞美之词的领导者，一定更能赢得下属的好感和爱戴。

对于管理者来说，赞美带来的实际利益是不言而喻的。一句简单称赞的话，在下属看来是上司对自己的肯定和赏识，是对自己的看重。同时，这也表明了上司对下属工作成绩的肯定，让下属觉得自己的努力和付出没有白费。赞美的话就像是助燃剂，能够点燃员工的激情，激发出他们的工作积极性和自信心。

美国“钢铁大王”安德鲁·卡内基选拔的第一任总裁查尔斯·史考伯说：“我认为，我那能够使员工振奋起来的能力，是我所拥有的最大资产。而使一个人发挥最大能力的方法，是赞赏和鼓励。”“我赞成鼓励别人工作，因此我乐于称赞，而讨厌挑错。如果我喜欢什么的话，就是我诚于嘉许，宽于称道。”不仅如此，卡内基甚至在他的墓碑上也不忘称赞、激励他的下属，他为自己撰写的碑文是“这里躺着的是一个知道怎样跟他那些比他更聪明的属下相处的人”。

然而，并不是所有的表扬和赞誉都能取得好的效果，随意的表扬或者赞美，效果还不如不表扬好。

1. 善于挖掘下属的优点

管理者要有发现员工优点的敏锐眼光，能够在日常的工作事务中挖掘出他们的优点并加以表扬或赞美，哪怕只是口头形式的夸赞，也能改变很多员工，使他们的潜能被大大地激发出来。反之，如果管理者一味指责下属的缺点和不足，那结果就会适得其反。

2. 公开赞美

管理者要尽量对优秀的员工进行公开表扬。一些企业专门开表彰会，就是想通过这种形式让员工知道，要想获得赞美，首先要把自己的工作做好。

优秀的管理者总是能让自己的表扬起到一箭双雕的作用：既能鼓励先进，又能鞭策后进。因为对工作先进者的表扬，就意味着对工作后进者的无声批评。由于这种批评形式能够间接地起到一种引导和鞭策的作用，所以往往比那些直接的批评更有感染力和说服力，也更有助于激发后进者的内在潜力。

3. 不以地位高低为依据

地位高的人所创造的价值，从绝对值的角度来说，的确比那些地位低的人创造的价值要大，但是那是他的职务决定的，也就是说那是他在工作中本应做的事情。如果成绩不出众，是没有必要褒奖他的。

任何一家企业的进步，都离不开每一位员工的努力和贡献。所以，管理者应论功行赏，鼓励每一位员工都发挥出自己的潜能。

4. 不轻易表扬

赞美本身虽然是好意，但是如果经常给予不痛不痒的赞美，那么对方就会习以为常，内心就不会产生感激之情。就如同放羊的孩子总是喊“狼来了”欺骗众人，当狼真的来了以后，人们却不会相信他一样，管理者经常性的赞美，只会让员工在心理上形成一种习惯，反而无法取得预期的效果。

5. 变换花样

现代企业最常运用的激励方式是发奖金，其实，管理者们已经发现，这种激励方式有时并不能起到很好的效果。因为事实证明，一些陈旧的、单调的、传统的激励方式已不能令下属兴奋，也就无法达到表扬和激励的效果。这就需要管理者开动脑筋，独辟蹊径，采取新颖的激励方式。

比如，某企业经理在为优秀的员工颁发奖金的同时，还在地方电视台为他们点播了歌曲和文艺节目，此举令全体员工感到惊喜，取得了良好的效果。

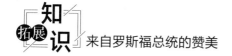

拓展知识 来自罗斯福总统的赞美

一般来说，管理者在表扬时用词越具体，其效果就越好，因为下属会认为领导对他们很了解，对他们的长处和成就也很欣赏。

由于罗斯福总统下肢瘫痪，克莱斯勒公司专门为他制造了一辆汽车。工程师钱柏林亲自将这辆汽车送到了白宫。罗斯福总统一看到那辆车，立刻表现出了极大的兴趣。他说：“我觉得太不可思议了，只要轻轻按下按钮，车子就能开动起来，驾驶起来毫不费力，真妙！”

罗斯福总统的朋友和同事们也围在一旁欣赏汽车，总统当着大家的面夸赞钱柏林：“非常感谢你们花费时间和精力来研制这辆车，这是一件了不起的事情！”

接着，总统开始欣赏这辆车的散热器、特制后视镜、钟、车灯等，他仔细观察每一个部件，并指出其中的精妙之处。他知道工人为这些细节花费了不少心思，所以他不仅自己欣赏，还让自己的夫人、劳工部长、秘书都注意这些装备。

科学的激励制度，让“鲇鱼”激活“沙丁鱼”

鲇鱼效应

挪威人喜欢吃沙丁鱼，尤其是活的沙丁鱼。挪威人在海上捕获沙丁鱼后，如果能让它们活着回到港湾，那么其价格将是死鱼的好几倍。但是，由于沙丁鱼生性懒惰，不爱运动，返航的路途又漫长，所以常常在中途就因窒息而死亡，即便偶尔有几条是活的，也是奄奄一息。

但是，有一个渔民捕获的沙丁鱼总是活蹦乱跳的，所以他赚的钱比别人多得多。该渔民死守成功的秘密，直到他去世后，人们才揭开谜底。

原来，他在鱼槽中放进了一条鲇鱼，由于突然进入陌生的环境，鲇鱼在鱼槽中四处游动，沙丁鱼看见鲇鱼十分紧张，它们左冲右突，四处躲避，加速游动。这样沙丁鱼缺氧的问题就迎刃而解了，沙丁鱼便活着回到了港口。这就是著名的“鲇鱼效应”。

鲇鱼效应在管理中的应用

其实，企业管理者管人带人也是同样的道理。一个企业如果人员长期稳定，就会缺乏新鲜感和活力，员工们就会产生惰性。如果企业管理者能够引进“鲇鱼”，也会让员工产生紧张感，整个团队的工作效率不断提高，企业的利润自然不断攀升。

这就是说，企业要不断注入新鲜血液，经常将那些富有朝气、思维敏捷的年轻生力军引进员工队伍，使那些故步自封、因循守旧的懒散员工无形中产生竞争压力，并激发起自身的生存意识和求胜心。

除此之外，科学的激励制度也是一种激活“沙丁鱼”员工的有效手段，它包含了一种竞争精神，为员工们创造了一个良性的竞争环境，进而形成一种竞争机制。在这种竞争环境中，组织中的成员会感受到来自周围环境的压力，并将这种压力转化为努力工作的动力，这正如麦格雷戈所说“个人与个人之间的竞争，才是激励的主要来源之一”。这里，员工的工作动力和积极性成了激励机制实施的产物。

绩效考核是激励机制管理的一个核心环节，公正、合理的绩效考核制度能够有效激励员工，帮助员工改善不良行为，调动员工的积极性，使其取得更好的业绩。绩效考核又称绩效评估，是指对照工作目标或者绩效标准，通过科学的评定方法，评估员工工作中的目标完成情况、职责履行程度、个人发展情况等，并将考核结果反馈给员工本人的过程。

激励和惩罚是激励机制的主要内容，奖罚分明是其主要原则。要做到奖罚分明，就必须建立科学、严格的考核机制。绩效考核的结果是企业实施激励措施的依据，根据考核结果，管理者决定奖罚的对象和方式。另一方面，绩效考核是一种激励手段，通过考核，管理者可以帮助员工明确自己在工作中的成绩和不足之处，为其指明努力的方向，从而提高工作效率。

不过，管理者在进行绩效考核的过程中应该从强调人与人之间的比较转向强调每个员工的自我发展评估，将考核者和被考核者之间对立的关系转变为互助性的伙伴关系，考核的目标应更多地放在企业与员工多方受益、共同发展上。

当然，一个团队的管理者也要有鲇鱼精神、鲇鱼性格，包括：有很强的创新意识，不断推动体制机制创新；在对待“人才”这个企业最根本的组成要素上，要有海纳百川的胸怀，敢于任用和引进人才；管理者自身应具备顽强拼搏的领头羊的精神和不达目的誓不罢休的坚韧不拔的毅力，以及应时而变的领导风格；等等。只有这样，企业才会始终充满生机和活力。

拓展知识　绩效考核的“三级跳”

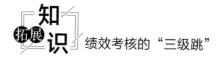

建立绩效考核制度，运用系统的方法、原理来评定和测量员工在所在岗位上的工作行为和工作业绩，是企业管理者和员工之间进行管理沟通的一种重要的活动。

1．绩效考核一级跳：量化考核标准

进行绩效考核，首先应确定一个标准，作为分析和考察员工的尺度。这个标准可分为绝对标准、相对标准和客观标准。绝对标准以客观事实为依据，包括出勤率、差错率等。相对标准是采取比较的方法，每个员工既是比较的对象，也是比较的尺度，所以这类标准在不同的群体中就会有一定的差别。而客观标准是考评者在对员工的工作绩效进行评定时，对每个项目在基准上给予定位，以此对被考核者做出评价。管理者在进行考核时，最好多使用绝对标准和客观标准，以使考核内容更加明晰，结果更为公正。

2．绩效考核二级跳：人人参与，共同评定

由于绩效考核与薪酬、奖金和晋升机会等员工的切身利益密切相关，所以员工对此格外关注。如果考核结果与员工的付出相去甚远，那么很容易引起内部矛盾。要做到公正客观，最好的办法就是让员工积极参与进来。

一般来说，绩效考核主要有上级评议、同级同事评议和自我鉴定等形式，领导还要进行下级评议，而客户服务等特殊岗位还可以增设外部客户评议等形式。

3．绩效考核三级跳：反馈交流

在考核后，管理者要根据考核结果评定奖金、薪酬等，还要与员工进行一对一的交流，找出员工出现问题的根本原因。同时，针对员工当前的绩效水平和工作表现中不尽如人意的地方展开各种培训。

第九章

留住人才，让团队管理更高效

铁打的营盘流水的兵，人员流动频繁已经成为现代企业的一种普遍现象。当前，企业间的竞争已经过多地转化为人才的竞争，这就使得企业间的人才争夺战愈演愈烈。培养人才要消耗企业的很多资源，而人才的流失又会给企业带来很大的损失。所以，如何留住企业的关键人才，已成为困扰众多管理者的大难题。

留住关键人才，是管理者必须重视的事情

自古以来，每一位明君身边都会有一些有能之士进行辅佐。比如，刘备身边因为有诸葛亮，才使得他南征北战，所向无敌，不断扩大自己的势力；周文王身边因为有姜子牙，他才能灭掉商朝，巩固自己的统治地位；等等。

对于现代企业来说，各个部门的领导者就是关键人才，作为管理者，要尽可能留住关键人才，不让关键人才流失。

依据“80／20”原理，在一个企业中，20%的人创造了80%的效益。毫无疑问，这20%的人才就是企业的关键人才。在如今这个产品、技术、渠道等要素渐渐趋于同质化的市场环境里，人才成了企业构造差异化竞争力的关键因素，而创造企业80%效益的20%的关键人才，更是成了企业竞争力的灵魂所在。有时甚至可以这样说，企业之间的竞争，归根结底在于企业是否拥有、用好并留住了关键人才。

对于企业来说，这类关键人才的流失，将会对企业的发展造成非常大的打击。而这些优秀人才又总是猎头公司和敌对公司争相追逐的猎物，所谓“千军易得，一将难求”，作为管理者，不仅要重视利润，还要重视企业的发展和改革，争取留住关键人才。

留住关键人才是一门重要的学门，对于企业管理者来说，该怎么留住关键员工呢？管理者可以从以下几个方面着手。

1. 注重细节

虽然管理者具有掌控一切的决策权，但是更要重视员工对公司的一些抱怨。通常情况下，员工的抱怨反映了他们对公司的不满或者存在的问题。作为管理者，要对此足够重视，并及时回应。解决问题时，要让员工看到自己采取措施的意向和决心，这样才能获得员工的信任和好感。

此外，在与员工进行沟通交流的时候，注意不要过于严肃，最好是与他们进行非正式交谈，让他们有参与感，这样有助于培养员工的主人翁意识，让员工产生被信任的感觉。管理者平时在公司应尽量表现出礼貌而亲和的一面，如与员工见面时打招呼等，即使员工犯错，也不要当着他人的面公开指责。

2. 提供足够的上升空间

对优秀员工来说，除了薪酬以外，他们还具有自我实现的心理需求，所以管理者要给员工提供充足的上升空间，对于他们的优秀表现，应及时给予嘉奖。嘉奖的方式有很多，如以加薪，给予奖金、奖品等物质奖励的形式对员工进行嘉奖。除此之外，赞赏和认可也是一种必不可少的奖励措施。

另外，管理者还应注意给优秀员工提供晋升的机会。最好在有升迁机会的时候优先考虑内部员工，因为外聘会让员工产生“空降部队”的想法，还会打击员工的士气。而内部晋升则可以让员工产生强烈的归属感。事实证明，那些人才流失较少的公司，其内部晋升机制一定是十分完善的。

3. 秉公办事

恩威并重是管理者必须掌握的一种重要管理手段。对管理者来说，处理员工犯错的问题相当棘手。但是有一点必须清楚，在实施规章制度的时候一定要坚持一视同仁的原则，这样员工就不会心里不平衡，心怀不满。

其实，员工通常不愿意离开安稳的工作环境而换工作，只要管理者能够给予员工合适的职位、公正的待遇，员工就会觉得舒服，同时产生被重用的感觉，也就不会有离职的想法了。

拓展知识 听任人才流失的弊端

“招人难，留人更难”是大多数现代企业管理者的共识。但现实情况是，许多企业一边不断地招人，一边却对人才的大量流失听之任之。持续不断地大量招聘新员工常常让企业疲于应对人事问题，甚至导致企业效益下滑。

如今，各类人才变得越来越挑剔，他们对所任职的企业及管理者要求越来越高，再加上日益增多的猎头公司对优秀人才虎视眈眈，所以，如果自己的企业不想办法留住人才，那么必将付出高昂的代价。

有人力资源经理估计，考虑所有因素，包括由于雇员离开而失去的关系、新员工在接受培训期间的低效率等，招聘新员工的成本甚至高达辞职者工资的30%。而且，用新员工来填补职位空缺的成本还不限于此，因为许多公司的财富要用知识资本来衡量，而很大一部分知识成本存在于公司知识型员工的大脑里，这就是说，知识是一笔巨大的无形资产。所以，管理者要想方设法留住知识型人才。

留住员工的心，也就留住了员工的人

在《三国志·魏书·武帝纪》中，有这样一段记载：

绍与公（曹操）共起兵，绍问公曰："若事不辑，则方面何所可据？"公曰："足下意以为何如？"绍曰："吾南据河，北阻燕、代，兼戎狄之众，南向以争天下，庶可以济乎？"公曰："吾任天下之智力，以道御之，无所不可。"

从曹操与袁绍两个人的对话中可以看出，在成就大业及后续发展方面，曹操更强调用人留人。可以说，这是曹操能够成就霸业的基础。

对于现代企业来说，同样如此，人力资源已经成为企业生存和发展最重要、最根本的因素，企业管理者同样需要重视人才。

然而，事实上，人才的流失已经成为中国企业面临的越来越严重的问题，尤其是那些非生产型企业，常常是刚培养出来的新人，却抬腿就走，或者已经被企业委以重任的员工，也是说走就走，这些都导致人力成本不断增加。

所谓“得人心者得天下”，这不仅是一个治国方针，它对企业同样适用。一个管理者是否成功，不仅要看他的才能，对企业的贡献，还要看他是否深得人心。如果没能留住员工的心，那么企业将无从发展。

企业的根本是人，所以企业管理者要始终坚持“以人为本”的信条。要知道，员工选择一个企业的原因是多方面的，或者是为了谋生，或者是为了发展、自我实现，也或者是其他方面的原因，管理者要做的就是了解员工的真实想法，进而想办法留住员工的心，以此减少人员流动。

具体来说，管理者可以从以下几个方面着手。

1. 制定有竞争力的福利制度

福利制度是一个企业吸引员工的首要部分。虽然说员工想要成就一番事业，属于个人自我实现的范畴，但是企业管理者要提供其生活的基本保障，这是前提，也是根本。所以，在员工福利制度的制定上，管理者要多用心。对于员工来说，贴心的福利制度可以令其产生强烈的归属感。

传统的福利形式是企业为员工提供统一的福利，对于这样一种形式，员工只能被动接受，毕竟是免费的，有总比没有好，但是激励效果可想而知。对于企业来说，虽然花费了大量人力物力，却没有实现激励员工的效果，这明显违背了管理的初衷。后来，管理者探索了一种新的福利形式——自助餐式福利计划。这种福利形式，正如自助餐一样，可以让员工自由选择自己喜欢的福利形式。

对于这两种福利形式，管理者可以根据企业的实际情况，选择最适合的那一种。

2. 让员工感受到认可和信任

管理者要让员工产生被认可、被信任的感觉，这样他们才会为企业努力奋斗。员工有时需要的是自我实现，当员工在某一职位上达到一定高度的时候，管理者可以考虑将其提升到更高的职位。这对于员工十分重要。

3. 让员工和企业“捆绑”在一起

要想让员工为企业效力，就要让员工与企业“捆绑”在一起，管理者可以制定一些制度，让员工与企业紧密联系在一起。比如，杜邦集团在这方面做出了表率。在杜邦，不仅仅是管理人员，即使是普通的员工也会持有公司的股票。管理者鼓励每一个员工购买公司的股票，而且每年还会加上额外的股息分配给员工。这样企业和员工就构成了命运共同体。即使为了自己的利益，员工也会努力工作，他们也自然能够留在公司。

拓展知识 阿里巴巴：追求梦想的开心的社区

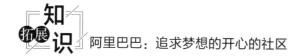

作为阿里巴巴创始人，马云说过，对于员工来说，工作不仅仅是为了换取满意的酬劳，也不单单是为了追求一个相对较好的工作环境，而是为了在一个企业当中获得快乐。

阿里巴巴之所以能发展到今天，除了团队的努力外，其独特的企业文化的影响效果也不容小觑。它的独特之处主要体现在其价值上，阿里巴巴号称“追求梦想的开心的社区”，受这个价值观的影响，公司上下有了凝聚力，所有的员工都在为这个梦想而不断努力，不断奋斗。

对于梦想社区的建设，马云提出了两个要点：一是阿里巴巴的决策要透明化，并且每一个决策都要保证其遵循道德准则和法律；二是员工可以跨区域、跨部门流动。

马云认为，只有员工开心了，一切才有可能实现。于是，他允许员工获得最大限度的自由，并强调工作要快乐。马云带给员工的不仅仅是生存保障，还包括梦想。正是源于这样的企业文化，阿里巴巴的团队才不断壮大。此外，马云了解员工所思所想，并为员工提供了所需的环境。所有这一切，都使阿里巴巴不断得以发展。

描绘前景，给人才一个美好的未来

人的努力需要有目标的指引，管理者只有给员工描绘一个美好的未来，他们才能感觉工作有奔头、有盼头，才会安心且用心地在公司里工作。

人们常说：“人往高处走，水往低处流。”每一个人都很在意自己的前程，如果一名员工对在所在的公司感到前途渺茫，没有任何盼头，那么人才就要开始“开小差”了。尤其是知识型员工，更注重自身的成长和成就，如果他们在公司里能感觉到自己在不断增值，或者有希望晋升到自己渴望已久的职位，那么他们的心就能安定下来，工作起来就会比较卖力。

相反，如果他们感觉自己的工作就是在机械地重复，整天只是在浪费时间，那么他们就会觉得公司让自己丧失了价值。这是员工离职的一个重要原因。

事实上，那些成功的管理者总是善于打消员工的疑虑，给他们描绘一个美好的未来。有两条途径可以实现：一是公司的事业蒸蒸日上，蓬勃发展，这样的公司才具有朝气和向心力，而一个走下坡路的公司只会导致人心涣散；二是帮助员工进行职业规划，为他们提供符合其能力的岗位，并提供学习的机会，这样就能给予他们广阔的发展空间。这两个方面互相促进，共同发展。更为重要的是，只有留住了一些关键人才，企业的发展才能更加顺利。所以，管理者应注重员工职业生涯的设计，并为他们提供一个可以充分施展才能的舞台，这样才能争取并留住更多的优秀人才。

为此，管理者需做到以下几点：

1. 为员工建立良好的信息通道

在这个信息发展异常迅猛的时代，要想发展，就离不开最新的信息。所以，管理者要保障员工能掌握最新的职业信息，如职业的选择、所在行业的发展机会等。要想让员工的职业发展之路走得更顺畅，管理者还要让员工了解到企业内部的职位变动、职位空缺等信息，并适时为员工更新业界的最新信息。另外，升迁机会、绩效评估、培训机会对于员工来说也是非常重要的。管理者只有为员工建立良好的信息通道，才有利于员工职业生涯的设计和发展。

2. 充分了解员工

要想制订出与员工相匹配的职业发展计划，自然离不开对员工的充分了解。比如，了解员工的志趣和价值观，这是比较容易了解的方面，但是需要管理者在平时多与员工进行互动，了解他们的生活方式等多方面的内容。另外，员工的自我评估也是了解他们的一个重要方式，通过这种方式，管理者可以对他们进行更深层次的了解。通过这些方式，管理者可以了解到员工的需求，并根据这些需求为其制定职业发展方向。

在充分了解员工之后，管理者就可以为员工制定发展蓝图了，包括工作的侧重、薪酬以及某个发展方向在企业内部的未来走向等。通过这些规划，员工能够清楚自己的职业方向，对企业的前景也会有一定的了解，这就促使他们在自己的工作岗位上稳健地按照职业规划的方向发展。

3. 阶段性考核

阶段性考核中，绩效考核是最常见的一种非常好的考核方式，由于绩效考核关系到员工的薪酬，所以这种方式也最容易让员工认识到职业生涯管理的重要性。同时，还能让员工的职业发展规划更加规范，也更为完整。通过绩效考核，员工可以认识到自己工作中的不足之处，从而及时调整自己的工作。

4. 将权力和责任分给员工

管理者不用事事亲力亲为，他可以赋予员工充足的权力，让员工能够放开手脚，自己去处理一些工作细节，这不仅能锻炼员工的能力，还能让他们产生被信任感，如此他们就可以在自由的空间充分发挥自己的特长，当然也就能找到自己发展的方向，而不会因为工作无趣而选择离职。

拓展知识 职业生涯通道的两种类型

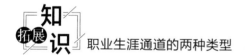

职业生涯通道指的是一个人在职业领域所从事的一系列岗位、职务或者职业所形成的通道，它是职业规划的其中一项内容。在踏上职业生涯之初，设计一条既有远见又具有可操作性的职业生涯通道，是实现职业目标的有力保障。

为了方便起见，可以将职业生涯通道分为横向职业通道设计和纵向职业通道设计两种形式，然后再进行合成。

1. 横向职业通道设计

横向职业通道指的是员工在同一管理层次或者同一个技术、技能等级上的不同岗位或者不同工种之间的变动通道。具体来说，横向职业通道设计解决的是这些问题：员工在哪些岗位、职务或者工种之间转换，多长时间或者什么时候转换比较合适，以及在转换前企业和员工需要做好哪些知识、技能和能力方面的准备等。这种职业通道的发展有利于员工进行准确的职业定位，扩大视野，提升全面能力，从而缓解晋升压力。

2. 纵向职业通道设计

这种设计主要涉及员工在管理、技术、技能和薪酬等级上上下变动次序的设计。从理论上来讲，这种变动分为两种情况，即上向变动和下向变动。一般情况下，这种设计都是上向变动设计。

当然，对于不同类别的职业，其纵向职业通道设计也会有所不同。不过，管理者在进行设计时，要充分考虑两个方面的设计：一个是组织变革因素，由于组织变革，其组织的等级数量会发生一定的变化，比如，因为目前组织的扁平化趋势，在设计时，其中间等级可以不加细分；另一个是协调性，即考虑其他员工的职业生涯通道，并结合横向职业通道，避免与他人的职业生涯通道近期“撞车”，但是可以适度远期“撞车”，那样有助于保持适当的竞争关系。

塑造企业文化，实现文化留人

麦肯锡公司做过一个调查报告，调查对象是数以千计的经理人，调查目的是弄清他们离职的真正原因。调查结果显示，他们离职的原因中，排在前三位的分别是，工作和成绩得不到公司的认同和肯定，在公司里得不到充分的沟通和信息，在所在的公司或者岗位上没有发展的机会。

由此可见，员工离职在很大程度上是由非物质因素引起的。所以，管理者要想留住、激励和发展一个人，还需要从非物质方面着手，也就是要重视精神因素。而塑造企业文化，实现文化留人就是一种很好的从精神层面留人的方式。

所谓文化留人，就是通过加强企业文化建设，充分发挥企业文化的导向作用、凝聚力、激励和约束功能，使员工个人价值的实现符合企业的发展目标，从而最大限度释放蕴藏在员工心目中追求事业和实现个人价值的能量，增强企业对人才的吸引力，并增强人才对企业的归属感。

某著名学者认为，要做到“安人”，管理者需要做到适当地关怀、真诚地服务、表现出一定程度的尊重、提供稳定的保障等七个方面。比如尊重问题，人才尤其是高层次人才最看重的就是人格的尊严、独立和平等，他们不喜欢企业管理者将其当成打工者，越高级的优秀人才越看重企业的人文环境。换句话说，人才对企业的忠诚是企业管理者用“心”换来的，只有用“心”对待人才，人才才会安“心”留在企业。

综上所述，塑造企业文化对企业留住人才具有十分重要的作用，每一个企业管理者都应予以重视。

为此，企业管理应注意从以下几个方面着手塑造企业文化。

1. 注重塑造企业核心价值观

核心价值观体现了企业核心团队的精神，主要包括企业的凝聚力以及员工对企业的忠诚度、责任心、自豪感、精神面貌和职业化行为规范。它明确了企业到底提倡什么、反对什么，哪些行为是企业所崇尚并鼓励员工去做的，哪些行为是企业反对并禁止员工去做的。确立核心价值观，可以使员工的行为朝着同一个方向、同一个目标去努力，同时反映出一个企业的行为和价值取向。

2. 重点打造以主业为核心的品牌

打造以主业为核心的品牌，是企业文化建设的重要内容。企业在自主创新、产品质量、生产安全、市场营销、售后服务等方面，都应融入体现核心价值观的企业文化，着力打造以主业为核心、让消费者长久认可、在国内外市场上彰显强大竞争优势的品牌。

3. 充分体现以人为本的理念

“以人为本”是企业文化建设应当信守的重要准则。企业在塑造企业文化的过程中，应把尊重人的个性、关注人的价值、激发人的潜能，作为企业文化建设的立足点。在具体的实施过程中，应坚持以人为中心，用科学的机制激励员工，用优美的环境熏陶员工，从而让他们产生荣誉感、成就感和归属感，体会到“家”的温暖。

4. 加强企业和员工的融合

企业和员工是为了实现企业的共同价值而构成的利益共同体。只有二者融为一体，才能实现共同进步和发展，同时也是实现双赢的必然选择。企业与员工的融合，对于员工来说，意味着个人的成长进步，实现自我价值；对于企业来说，意味着打造品牌，树立形象，实现利润最大化。但是这种融合不是指形式的融合，也不是“面”上的融合，而是包括“心”的融合、“言”的融合、“行”的融合在内的共同融合，只有这样，才称得上真正的融合。

拓展知识　惠普之道

惠普的企业文化常常被称为“惠普之道”。

惠普之道起源于公司创业之初。1957年在成功推出数种产品后，公司迅速扩大，惠普创始人比尔·休利特和戴维·帕卡德和一些管理人员制定了一套企业目标。正是这些企业目标和企业价值，奠定了惠普之道这一异常重要的经营管理理论基础。

比尔·休利特曾对惠普之道做出这样的解释：“这是由一种信念衍生出来的政策和行动，这种信念是，相信任何人都愿努力地工作，并能创造性地工作，只要赋予他们适宜的环境，他们一定能成功。”

惠普之道包括企业价值、企业目标以及高效的经营策略和管理方式三个方面的内容，它一直被认为是惠普参与全球竞争的制胜法宝。

惠普和康柏合并之后，在结合原有的优秀价值观的基础上，产生了新的惠普之道，它包括七个方面的内容：热忱对待客户，信任和尊重个人，靠团队精神达到共同目标，注重速度和灵活性，专注于有意义的创新，追求卓越的成就与贡献，在经营活动中坚持诚实和正直。

未雨绸缪，用“诚心”换员工“忠心”

如何留住人才，防止员工跳槽，是每一位现代企业管理者所面临的令人头痛的问题。为此，管理者应该将功夫下在平时，未雨绸缪，早做防范，这样才不会让团队成员轻易跳槽。要想让自己的团队中始终活跃着一批勇于冲锋陷阵的杰出人才，管理者就要及早做好有效的防范措施。

1. 量才而用

如果优秀员工不辞而别，另觅他处，而公司上下事先没有一个人察觉或者有人知道却没人报告，这是公司管理不善的结果。管理者应对此早有发现，并尽量使其回心转意。

一个员工工作量的多少并不能说明他对这份工作或者所在企业的满意度如何。有的员工仅仅凭借自己的能力和遵守公司的管理制度就能圆满或者超额完成自己的工作任务，但是他内心并不一定喜欢这份工作。

管理者只有将员工的特长和他的兴趣结合起来，才能让员工在自己的岗位上如鱼得水，为公司做出应有的贡献。

2. 宽以容才

有的员工离职的原因只有一个：“与领导不合。”与领导不合有多方面的原因，但是人们一致认为，责任在领导身上，如果他能在与员工发生冲突时，显示出自己的宽宏大量，不与下属斤斤计较，许多问题都是可以迎刃而解的。

管理者对其下属应敏感、体谅，平时应多和员工进行思想交流，全面了解员工的内心，在工作中也就能很好地上传下达、减少隔阂了。

3. 适时加薪

著名的波音公司的专家们针对450名跳槽者所做的调查结果显示，其中40名跳槽者与管理者就增加工资进行了谈判，谈判的结果是27名跳槽者因满足了自己的加薪要求而继续为公司效力。实践表明，适时加薪，能让大多数员工因看到前途而充满希望。

从另一个角度来说，老员工本身就是公司一笔巨大的无形资产，管理者适时加薪，可以大大减少他们离职给企业所带来的损失。

4. 谨慎破格升职

破格升职，在为公司招贤纳才的同时，还会带来一系列不必要的麻烦。这是因为，当公司招聘到一位能力强、有开拓创新精神的年轻人，并且舆论一边倒地认为此人日后必将成为某经理的接班人时，管理者就要慎重考虑：该给他安排一个什么样的职位，怎么提拔他更好呢？

对于他的任用，稍有疏忽，处置不当，就可能给公司带来不必要的麻烦。要么这位能人会因职位不符合预期而另寻高就，要么会引来那些资历比他高、工作时间比他长、职位较低或者较高的人的抱怨，他们抱怨公司没有一碗水端平，厚此薄彼。

5. 注重早期培养

对于一个胸怀抱负的人，如果只能在公司里做低级员工所做的工作，其才干并没有得到充分肯定，那么他要求离职、另谋发展是很正常的。

对于招聘的毕业生，企业如果不加强管理、注重早期培养，那么他们在工作的前两三年内最容易跳槽。他们年轻有为，前程远大，是公司的希望，而且他们已经熟悉了公司的业务，如果让他们流失，公司则会面临很大的损失，因为公司还要重新招聘、培训新员工。

因此，管理者应把新员工看作公司的一笔长期投资，精心培养、督促他们。比如，安排公司里有能力的主管或者老员工指导他们，并让他们承担一些力所能及或者稍微超出能力的工作，借此锻炼他们的能力。假以时日，他们给予公司的回报就会日益增多。

拓展知识　赢得员工忠诚的六项工作

在现代企业中，优秀员工跳槽是一种常见的现象。作为管理人员，该如何杜绝此类事情的发生呢？最有效也最简单的解决办法是赢得员工的忠诚，让员工懂得感恩。

要赢得员工的忠诚，企业管理者需要做以下六项工作：

1．进行目标管理

一个员工有了一定的目标，才能激发出其内在的潜能，提高工作意愿，从而实现自己的目标，这也是目标管理被企业界的管理者争相采用的原因。管理者需要注意的是，管理者既要帮助员工树立短期的目标，也要帮助他们建立长期的目标，这样员工才能勇于直面困难，迎接挑战。

2．给予员工应得的待遇和福利

企业管理者应在物质和精神两个方面充分满足员工的需求，使员工的努力付出得到应有的回报，并产生满足感和成就感，这样员工才会忠心为公司效力。

3. 提供成长的机会

企业管理者应帮助员工做好职业发展规划，并提供相关的培训，给员工提供成长机会。同时，企业应制定明确的晋升制度，使员工努力的工作表现与其在意的报酬相匹配。

4. 与员工建立真诚的伙伴关系

企业管理者要与员工建立起真诚的伙伴关系，双方出于真诚，相互扶持，这样员工就会付出更大的努力，做出额外的贡献。

5. 兼顾员工工作和生活需求的平衡

许多企业管理者希望自己的员工能够无私奉献，全力以赴做好自己的工作，但是除了考虑工作的完成之外，还要兼顾员工生活的需求，因为两相情愿的关系才能长久。

6. 让员工实现谋生与乐生的结合

大多数人是为了生活而工作，但是也有一些人能在工作中找到乐趣。管理者要让员工在自己感兴趣的领域或者部门发光发热，这样，工作对他们来说，就不仅是谋生的手段，还会是一件有乐趣的事情。

后记

《晏子春秋·内篇杂下》中有这样的话："橘生淮南则为橘，生于淮北则为枳，叶徒相似，其实味不同。所以然者何？水土异也。"这句话的意思是说，"橘"这种植物生长在淮南被称为"橘"，生长在淮北则被称为"枳"。它们虽然叶子长得相似，但是果实的味道差别很大。这是为什么呢？原来是水土不同的缘故。

同样的道理，一个人，在某个企业做事可能束手束脚，不能胜任自己的工作，但是在另外一个企业，他可能人尽其才，做起工作来就游刃有余。这种现象的出现和管理者不懂用人有很大的关系，管理者没有将此人放在适合他的岗位上，没有让其融入适合自己的团队，也就无法将他的特长发挥到极致。总而言之，就是因为企业管理者没有采用正确的用人方式，没有做到人岗匹配，才使得人才与企业"相处"得极为糟糕，结果出现了人才不能发挥正常水平的不良后果。

可见，管理者用人应精准，不要让人才白白浪费，并因此而流失。

本书结合大量先进的管理学和心理学理论，旨在帮助管理者走出用人的误区，让管理者学会正确用人、有效用人，让每一个员工都能在适合自己的岗位上发挥出最大的潜能。但是，由于每一个企业的实际情况不同，人才又存在着诸多的特殊性和较多变数，所以管理者在依据本书进行实践的过程中，切勿生搬硬套，只有具体问题具体分析，才是正确的解决之道。